RPMで自閉症を理解する

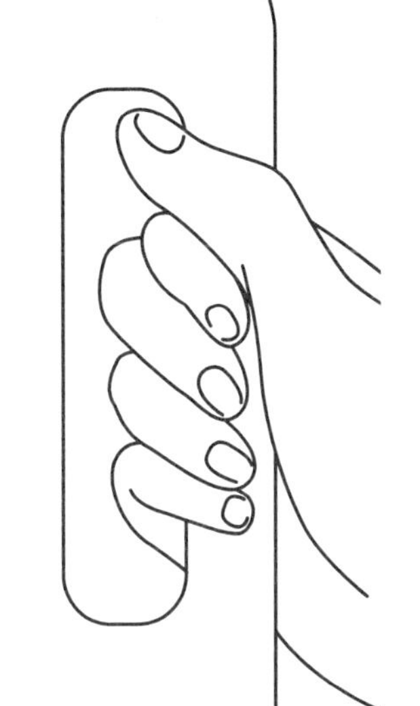

著　ソマ・ムコパディエイ
訳　鈴木麻子　片瀬ケイ

Rapid Prompting Method

エスコアール

Understanding Autism through Rapid Prompting Method
By Soma Mukhopadhyay

Originally published in English by HALO

日本語版に寄せて

RPMの世界へようこそ。

この本は、私が教えた経験にもとづいて書きました。言葉の話せない息子ティトにふさわしい教育方法が見つからず、自分でなんとかしようとしたのが、そもそもの始まりです。息子には物事を理解する力があると感じられたので、その力で学ばせることができると思ったのです。

教えることは大変でした。それでも結果が見えてくるにつれ、その大変さも喜びに変わっていきました。アメリカに住み始めてから、息子以外の生徒たちを教える機会に恵まれ、私の教え方も上達しました。やがて私の知識すべてをまとめて本にしてほしいという要望をうけました。そしてこの本が生まれたのです。この本が役立つことを、心から願っています。

Soma Mukhopadhyay

はじめに

人を理解するためには、その人の行動や適応能力のみならず、認知的、社会的、感情的、身体的な特徴も含め、総合的に捉える必要があります。自閉症では、行動や適応能力が基準から外れた形で現れます。こうした違いのために、私たちは自閉症を持つ人の能力や可能性を過小評価しがちです。

定型発達の人々が、普通とは違った行動にとらわれずに自閉症を持つ人々を評価し、価値ある社会の一員として尊重し、社会的向上を促して欲しいというのが私の想いです。

そのためには、私たちは普通とは異なる行動様式ではなく、機会さえ与えられれば発展する可能性がある資質や能力で、自閉症を持つ人々を評価すべきです。

かつてキング牧師は、自分の子どもたちが「肌の色ではなく、人格そのもので評価される」世の中になることを夢見ました。私の夢は、自閉症を持つ人々が、障害の名前や、しばしば一般的な社会から遠ざけられる原因ともなる変わった行動様式によってではなく、人格そのもので評価されるようになることです。私たちの課題は、彼らが尊敬に値する人格であることを表現できるよう、教育とコミュニケーション能力を与えることです。

- 本書は経験の集積であり、定量的ではなく定性的に評価したものです。人は数字やデータではありません。絵画の美しさを数字で評価できないように、私は人に対して数値測定で評価することはできません。
- 本書では自閉症スペクトラムと診断された人々の代替的な発達経路を理解する方法を説明します。
- 本書は、いわゆる理想的な発達とは異なる特徴を持つ自閉症の人が生きていく手助けとなる方法を提案します。
- 本書は自閉症を持つ人が、適切な教育と自分の考えを伝える技術を得て、生産的で意義ある貢献メンバーとして社会参加できるようになることを目指しています。
- 本書は神経学的なチャレンジを抱えながらも、私が教えるのに根気強く付き合ってくれた自閉症を持つ人々(本書執筆時で700人以上)に対する私の敬意を示すものです。

本書では便宜上、指導者を女性として書いていますが、ウーマンリブとは無関係です。女性である私の視点、そして読みやすさという点から便宜上そうしただけです。

また本書にはできる限りの情報を盛り込みましたが、これは私の実践するRPMトレーニングのすべてではありません。本書を読むことで、RPMを通して自閉症を理解する上での理論的な側面を知ることができます。RPMの実践な部分を得るには、HALOクリニックでさまざまなトレーニングを受ける必要があります。そこでは読んだり、学んだりするだけでなく、RPM技術にも深く踏み込む機会があります。

第I部
自閉症を理解する

Soma® ラピッド・プロンプティング法（Soma®RPM）の「ハウツー」の前に、説明すべきことがあります。「RPM をなぜこの方法で教えるか」です。

第1章

Soma® ラピッド・プロンプティング法が生まれるまで

息子のティトにいつから教え始めたのかと、よく聞かれます。インドでは使い捨てのおむつはとても高価なので、使う人はほとんどいません。そこでティトが生まれて間もなく、私も他の母親たちにならってトイレのしつけから教え始めました。

最初の１年は、ティトも他の赤ちゃんと同じ様子で、何かが違うなどと感じたことはありませんでした。寝返りをうち、やがてハイハイといったようにごく普通に発育していく息子を愛おしく見守りました。それでも息子がお漏らししたズボンの洗濯は、楽しいものではありません。そこでティトがまだ赤ちゃんの時からトイレに連れて行き、シューという私の声にあわせて排便できるように慣れさせました。インドの母親たちは、皆こうしてトイレのしつけをします。これでティトは音と場所、そして排便を結びつけるようになりました。これは昔からの教え方で、心理学者はオペラント条件づけと呼んでいます。トイレの失敗があった時には、ティトの手をとり私の手を重ね、一緒にお漏らしの後片付けをしました。嫌な片付けを息子に体験させ、より注意深くさせるためです。こうしてティトが３歳になる頃にはトイレを使えるようになったのです。

その一方で、ティトは他の子どもたちを嫌がり、一緒に遊びたがりませんでした。子どもたちのグループに入れば自然と遊ぶだろうと思って試しましたが、やはり他の子どもと交わることはありません。それどころか、家から一歩出るだけでもパニックを起こすようになりました。私は息子がストレスを感じずにすむよう気を配りましたが、近所の子どもたちは息子の真似をして、からかうようになりました。ティトを子どもたちのあざけりの的にするわけにはいきません。幼くとも（何歳であっても）、その子なりのプライドを傷つけてはならないのです。ティトは、自分がばかにされていることを理解していたでしょうか。息子にはそんなことは気にしてほしくない、というのが私の思いでした。ティトに考える能力があることは、私には明らかでした。マッチ棒で美しい模様をつくり、歌詞を暗記することができる息子ですから、手をヒラヒラさせる仕草を真似てからかう子どもたちに囲まれて、もどかしく感じないわけがありません。慣れた家の中なら、ティトも他の子と遊ぶかもしれないと思い、私はチョコレートやお菓子で子どもたちの気をひいて自宅に招きました。それでも息子は子どもたちに近寄ろうとはしません。あちらこちらと動き回る子どもたちに取り囲まれ、ティトは呆然と部屋の隅に立ち尽くしていました。「遊びたくないのかもしれない」と、私は自分に言い聞かせました。息子には遊ばない権利だってあります。私はティトを他の子どもと無理に遊ばせようとするのをやめました。

ティトは生後数ヶ月から、音楽を覚えることができました。私がわざと歌詞を間違えて歌うと、そのたびに合図するかのように声をあげました。私たち親子は、暇さえあればそれをゲームのように楽しみました。息子のためなら、私はいくらでも時間をつくりました。古い考えかもしれませんが、私はそうした気持ちが必要であり、大切だと思うのです。私は、ティトが次の発育段階に差しかかるのを楽しみにしていました。ところが息子の育ちは、他の子どもたちとは違っていました。３歳になったのに、言葉がでないのです。周囲の人たちはいろいろなことを言いました。私にできることといえば、息子をあちらこちらの医者や専門家に診てもらうことだけでした。医師の一人から「息子さんには知的障害があります」と言われた時には、衝撃のあまりめまいを感じました。息子の人生には、何の期待も持てないと宣告された瞬間でした。

光速で移動すると、時が止まったように感じると読んだことがあります。医師から知的障害と聞いた時、本当に時間が止まり、あらゆるものが私の目の前を素通りしていくかのように感じました。私の思考も停止し、ショック状態から抜けて再び時の流れに追いつくのを待っているかのようでした。その時夫が「セカンド・オピニオンを受けよう」と言いました。

そして私たちは、インドのカルカッタにいる心理学者のところに行きました。この二人目の専門家からは「息子さんは自閉症です」と言われました。はじめて自閉症と聞いた時、たいした意味があるようには思えませんでした。これまで自閉症というラベルを貼られた多くの人たちと接してきましたが、私にとってはいまだに自閉症という言葉は大きな意味を持ちません。どんなラベルを貼られようと、息子も他の人たちと同じ人間なのです。「どうしたらいいですか。今日できることは何でしょうか？」と私が尋ねると、医師は「一日中、何かをさせるようにしなさい」と言いました。

こうして３歳のティトは、カルカッタで自閉症と診断されました。その帰り道に、私は他の子どもたちをじっくりと観察しました。そしてティトと他の子どもたちがどう違うのかを考えてみました。

観察の結果

ティトには次のような、他の子どもとは違う点があることがわかりました。

1. ティトは、手をうまく使えません。他の子どもたちは指差しをしたり、物を持ったり、狙いをつけたところに手を持っていったり、ジェスチャーをしたり、手を使っていろいろなことができます。ですが、ティトは私の手をとって、自分が欲しいものを示そうとしたり、マッチ棒のように持ちやすいものを持ったりすることしかできません。他の子どもたちのように、指差しやジェスチャーはできません。

2. 目の使い方も、ティトは他の子どもたちと違います。他の子どもたちはどのような距離にある物でも同じように見ることができますが、ティトは本などすぐ近くにある物になら、長いあいだずっと見ていられるのに、遠くの鳥や花を見せても、頭を上げて見ようとはしません。他の子どもたちのように、物体までの距離にかかわらず見ることはできません。
3. 体の動かし方も、ティトには決まったパターンがありました。他の子どもたちと同じように動き回るのが好きなのですが、他の子どもたちのように自分の体をうまくコントロールしてスムーズに動くことはできません。ティトの動き方は、ある種のタイミングとリズムにのりつつ揺れるような動きをします。
4. 座り方でも、ティトには他の子どもたちにはない、こだわりがありました。例えば、他の子どもたちはどこにでも座ることができました。ですが、ティトはどこに、どのように座るかといったことにこだわり、大騒ぎすることさえあります。また、いつも脚を上げて座っていることが好きで、脚をぶらぶらさせて座ることは嫌がっていました。
5. ティトは、食べ物についてもこだわりがあります。他の子どもたちはどのような食べ物でも好き嫌いなく食べる事ができるのですが、ティトは好き嫌いが多く、食べられるものが限られていました。

この他にも、ティトにはいろいろな特徴があることに気づき、私はやはり息子が他の子どもたちとは違うということを受け入れたのです。

最初の一歩

私は医師に勧められたように、ティトに一日中何かさせるようにしました。まず、おもちゃで遊ばせることにしました。私自身、子どもの頃におもちゃを使ったことがなかったので、どのおもちゃがいいのかわかりませんでした。とりあえず４ピース、６ピース、８ピース、10ピースの４種類で、形にあわせて正しい場所にはめ込むジグソーパズルをいくつか買ってみました。

まず鹿の絵の４ピースのパズルから始めました。ティトの前にパズルを置けば、自然に遊びはじめるだろうと思ったのですが、ティトはあたりを見回し、突然見つけた一匹の蟻に気をとられてしまいました。その後は２階にある、お気に入りの鏡の前に戻ってしまいました。 私はティトを階下に連れ戻しました。パズルを３ピースまで私がはめ込み、息子に最後の１ピースを入れさせて完成させました。次は、ティトに２ピースをやらせました。ついにはティトが４ピース全部を入れて、パズルを完成できるようになりました。その後は６ピースのパズルを練習しました。医師との次の予約日までに、息子はパズルのやり方をすっかり覚えることができました。

私は食事の支度をしているあいだも、何かティトの関心をひくことができないかと考えました。それは、私が野菜を布袋から取り出して床の上に置くと、ティトが野菜を袋に戻し、また私が袋から取り出すという遊びです。次は野菜の中からじゃが芋や玉ねぎをよりわけ、それぞれを別々の袋に入れるという遊びに発展させました。ティトはこうした遊びを通して、狙いをつけた場所に手を持っていくことや、物を選別することができるようになりました。

次に学ばせるスキルは何か？

次に私は、指差しを教えることにしました。ティトは指差しを真似することさえもできなかったので、ティトの手をとって指差しの手の形から教えました。

「これがじゃが芋。これが玉ねぎ。それでは、じゃが芋を指差してみて」と私が言います。あるいは「ティト、ペンはどこにあるの？」と尋ねます。「だめ、だめ。蟻をかまわないの。蟻をつぶしてしまったの？　蟻だってそんな風に殺されたら嫌でしょう？　では、今、潰してしまった蟻を指差してみなさい」。

ティトが物の名前を覚えられるように、彼が見たり聞いたりしている事について、私は一日中話しかけました。やがてティトは近くにある物を指で差し示すことができるようになり、その週末までには、目の前に置かれた二つの物を区別して指差すことができるようになりました。私はその後に、彼の目の前に三つの物を置いて、練習させました。

私のラピッド・プロンプティング法では、こうして時間をかけて少しずつ選択肢を増やしていきます。最終的にはアルファベットの26文字から選んで、文章や答え、考えを綴ることができるようにするのです。

ティトは、相変わらず離れた場所にある物を指差すことが難しいようでした。彼が遠くの物を見るのは、その物が動いている時だけでした。遠くで動いている扇風機は見るのですが、私が見せようとした空の星は見ることができませんでした。遠くにある物を見るには、目の焦点を遠くに合わせなければならないからです。それでも私は、ティトができることを最大限に伸ばすことを第一に考え、家族のアルバムを使って、指差しを教え続けました。

「ティト、お父さんの写真を触ってごらんなさい。今度は写真の中にある窓を指差して。その窓には……（一文字ずつアルファベットを声に出して）W-H-I-T-E……WHITE（白い）カーテンがついていますか？　それともR-E-D……RED（赤い）カーテンがついていますか？」私はWHITEとREDという選択肢を紙に書いて、ティトに正しい単語を選ばせました。「では、この写真の中で、あなたはどこを歩いていますか。ROAD（道）ですか、GRASS（芝生）の上ですか」ティトはこの二つ選択肢の中から、答えを選ぶのです。

学科教育をはじめる

ある日ティトがカレンダーをじっと見ていたことから、私に考えが浮かびました。

「ティト、カレンダーを見ているわね。数字を指差せるかしら」私はカレンダーを下ろして、1、2、3を示しました。「これが1で、これが2、これが3。では、1を指差してみて」ティトは1を指差しました。「では、3を指差してみて」数字の3を指差しました。

「では、2はどこにあるかしら」ティトが2を指差した時、私は（やった）と思いました。それでも、確かめずにはいられませんでした。「もう1回やってみましょう。数字の3はどこにありますか？」「よくできました！」私たちはこうしてカレンダーを使って、次は4、5、6を勉強したのです。

その日、ティトは1から30まで学びました。4月のカレンダーは30日までだったからです。指差しを練習していたおかげで、彼は数字や文字を指差すことで答える、というスキルを身につけたのです。これが第一歩でした。

ティトが4歳の時、私は小学生向けの教科書で読み方や計算、科学などを教え始めました。息子は1章学び終えるごとに、復習クイズの答えを文字で綴ることを学びました。

そして私たちの生活に欠かせないのが、詩です。料理をしている時や静かな時は、背景に流れる音として、よく詩を暗誦しました。私は話し声がしないと心細くなるたちなので、自分の声で静寂を埋めようとしていたのかもしれません。おそらく私自身も言葉による自己刺激行動をしていたのでしょう。私は時々詩の暗誦を中断して、ティトに次の言葉を聞きます。ティトは、私がAからZまで書いた紙のアルファベットを指差して単語にします。また歴史や科学、文学の教科書を含め、いろいろな本を息子に読み聞かせました。とにかく何でも読んで聞かせました。

私は毎晩「ティト、何について話したい？」と尋ねます。ティトは、蟻と豚と牛が会話をする物語を作り始めました。それは彼が今までに聞いたことのあるイソップ物語に似ていましたが、教訓が入っていないただの動物のお話でした。それでも時間をかけて練習を重ねるうちに、ティトは物語を作るのが上手くなりました。

そしてある日、ティトはアルファベットを指差して、詩を作るまでになったのです。

指差しから手書きへ

インドのベロールで診てもらった医師たちは、「息子さんは字も書けないのに、詩を書くなんて信じがたいですね」と、疑いました。ティトが詩を書くことを信じてくれず、彼らは息子が文字盤で綴るのを自分の目で見たにもかかわらず、もっと証拠が見たいと言いました。ティトが単に指で文字を指し示すだけでは、誰も信じてくれないようでした。家族の中にも疑う人がいました。その時は無力感にさいなまれましたが、今ではそうした懐疑心に感謝しています。ティトの能力を疑う人たちがいなければ、私はさらに先に進もうとしなかったかもしれません。私は、3ヶ月後の予約までにティトに書き方を教えることを、決心しました。息子を信じてもらうには、自分ひとりで書くことを教える以外に道はなかったのです。

ティトは、手と指を器用に使うことができませんでした。ボールをつかみますが、棒を持つことができません。つかめても、持ち上げることができません。自分の手の中に向けて投げられたボールを受けることはできるのですが、ボールが手の先からほんの少しでも離れた所に投げられると、自分からボールに向かって動くことはまずありませんでした。

まずティトに鉛筆の持ち方を教える必要がありました。手に鉛筆を持たせようとしても、鉛筆に気づきません。彼の手に鉛筆を持たせても、私が手を離すたびに落としてしまいます。私はそれでも息子の能力を証明するには、書き方を教えるしかないと思い続けました。

「ティト、信じてもらうには、書けなければダメなの」私はせっかちだったかもしれません。しかし次に会う医師、家族や友人たちに、ティトが文字盤で思いを綴っているのは単なる偶然だとか、ティトの能力を買いかぶって期待しすぎているとか言わせたくなかったのです。

私は、鉛筆を輪ゴムでティトの手にくくり、線をひかせました。ページの上から下まで、ただ垂直に線をひく練習をさせたのです。初めはティトの手に私の手を重ねて、手の動きを覚えるまで一緒に線をひきました。幸いなことに、垂直の線をひいているあいだは、ティトは目の焦点を紙の上に合わせることができました。ティトは、何枚もの大きな新聞紙を縦線で埋めつくし、垂直線のひき方を最初に覚えました。次は水平線です。数日かけて垂直線と水平線の練習をしました。

次は少し難しい斜線です。ティトの手は、縦線と横線をひく動きにすっかり慣れていたので、すぐには斜めに動きませんでした。私はティトが垂直線を書いても斜線になるように、紙を斜めに置いてみました。これがうまくいき、斜線をひくことができました。その時に気づいたのですが、紙が斜めに置かれていても、ティトは紙の端と平行になるように線をひくのです。

つまり斜線を引く手の動きはできるのです。「これは目のせいだったんだわ」と、思いました。目が平行線を見慣れていたので、紙の端と平行した線を引きたがるのです。私が紙を縦に置きなおすと、思ったとおり、ティトは縦線を書き始めました。

アルファベットの最初の文字「A」には二つの斜線があるので、Aを書くには斜線を書く必要があります。私はティトに定規を使わせ、いろいろな方向の線を引く練習をさせました。私が定規を置き、定規をなぞるように線をひかせます。こうしてティトは左手を使って定規を置くこと、定規を使って線をひくことを学びました。紙の端から端までではなく、短い線もひけるようになりました。これで大きな新聞紙ではなく、小さな紙にでも書けるようになったのです。ときどき定規なしで書けるか試してみました。ティトが戸惑っている時は定規を使わせ、次には使わせないようにしました。そして定規を使わないで書く時間を少しずつ延ばしていきました。

ティトには、なぞり書きができるよう動物の型板（ステンシル）を沢山与えました。また縁をなぞるための金属のボウルも与えました。彼は、カレンダーの裏やいらなくなった紙、床などあらゆるところになぞり書きをしました。私は、明かりの下に座らせてセメントの床に自分の影をチョークでなぞらせたこともあります。

ティトは自分の手の輪郭をなぞるのが大好きでした。彼はまるで飛ぶ練習をする鳥のように、手をヒラヒラさせて自己刺激に使っていました。またある時は、じっと手を見つめて物思いにふけっていました。息子にとって手は大切な「相棒」であり、いつも遊ぶ「おもちゃ」でした。ティトは６週間でなぞり書きを習得しました。

次は線を真似て書くことです。私が線を書き、その横にまったく同じような線を書かせました。私が円を描いたら、そのすぐ横にティトが円を描くといった具合です。波線も同じようにして練習しました。その次は三角形とさまざまな形に発展させていき、鉛筆を使いこなすための根気を養わせました。

塗り絵で手の使い方と模倣が上達

またティトには沢山の塗り絵ノートも与え、絵の輪郭の中に色を塗らせました。すでに色をつけた手本を塗り絵ノートの片側に置き、もう片側のページに手本とまったく同じように色を塗らせました。ティトは色を見分けるのは得意で、大抵は塗り絵のやりかたをすぐに理解しました。ティトが色選びでとまどっている様子の時は、私が図形ごとに色を選ぶのを手伝いました。例えば私が円を一つ描いて、緑に塗ります。それからもう一つ同じ円を描いて、緑と赤の２色の色鉛筆を見せます。ティトは、そこから手本と同じ色を選ぶのです。次に私は四角を描き青色に塗ります。ティトには２色か、あるいは３色から手本と同じ色を選ばせます。それができるようになったら、青い四角で中に赤い色の円が入っていたり、ピンク色の円の上に黄色い三角形があったりという色の組み合わせに移ります。そこで２色、３色、４色の選択肢を与え、私の描いた手本の図形と同じになるように色を選ばせました。

ここで私が教えたかったのは、図形と色を真似ることです。図がうまく描けなくとも、気にしませんでした。ティトができるように教えるには、選択肢の数や必要なスキルを絞ったところから始める必要がありました。もしティトがめちゃくちゃに描いたものを使って教えようとしたら、彼は順序だててきちんと学ぶことができなかったでしょう。

ちなみに息子は絵を描いたり、色を塗ったりすることには興味がなく、その後少しも上手くなりませんでした。今でも色や形を真似するための手本がなければ、適当な殴り書きをします。

文字の写し書きをする

私は、次に医師に会う時は、ティトの能力を証明しなければならないと思っていたので、次回予約迄の６月から９月のあいだ、ティトに文字を書く練習をさせました。ティトは１日２回約６週間、アルファベットのＡからＺまで書く練習をして、文字の形を覚えました。

私の描いた点線をなぞり書きするのにティトが慣れたら、次は写し書きを教えました。私が文字を一つ書き、ティトがその下にまったく同じように真似て書きます。文字をなぞる練習をした後だったので、写し書きも簡単にできました。Iから始め、次はO。そしてX、L、T、C、W、そしてＭと続けました。A、B、C、Ｄというアルファベット順ではなく、これらの文字からはじめたのには理由があります。私がティトになったつもりで物事を見るようにすると、Ｒという字は、書くのに一番難しい文字だと気づきました。その時、アルファベットの順番ではなく「字を書く」というスキルを教えていたので、ティトが簡単に書ける文字から教えました。 次は、文字盤を指して言葉を綴り、次にそれらの文字を書くという２段階の方法を教えました。アルファベットを指すことと、それを見ながら真似して書くことを同時に教えたのです。例えばナイフとフォークの使い方やバットとボールの扱い方を一度に教えるようなものです。

「ティト、CAT（ネコ）と綴って、そのあとで書いてごらん」と私が言うと、ティトは文字盤のCを指差します。「そうね。それでは、いま指差したその文字を書き写してみましょう」ティトはCと書き写します。それからティトはAを指差します。「そうですね。ではそれも書き写して」ティトはAと書きます。そしてTを指差します。「それも書いて」という風に続けました。

「今度はネコについて何か教えて下さい。綴って、それから書いてみて」ティトは文字盤でTを指します。「次は何をするの？」「指差した文字を書くのでしたね」と、ティトに文字を書くよう促します。次にティトはAを指差して、書き写しました。それからIを指差して、書きました。最後にLを指差してから書くことで「tail（しっぽ）」という単語を完成させました。

字が書けるようになって嬉しかったかどうか、あいにくティトに聞き損ねてしまいましたが、私は誇らしく思いました。ティトは文章も詩も、まず文字盤で文字を指差して、指差した文字を書き写すという方法で書きました。そして日を追うごとに、自信を持って手を使えるようになっていきました。

一つのことができるようになるまで、次の段階は目指せません。近道をしたり次にすべきことを飛ばしたりするなどもってのほかでした。このため、文字盤の文字を指して、それを書き写すという練習を2、3ヶ月ほど続けました。その次にすべきことは、文字を指で差した後に、文字盤を見ることなく、記憶をもとにその文字を書くことでした。

記憶から文字を書く

ティトが「CAT」と書く時は、まず文字盤でCの文字に触れます。そのあと私はCが見えないように覆い、ティトにCと書かせます。次にティトはAに触れます。再び私が文字を覆い、ティトがAと書きます。次にTに触れ、私が覆い、ティトがその字を書きました。このように、一文字ずつ指差しては書くという方法だったので、一つの文章を完成するのに時間がかかりました。ゆっくりでしたが、確かにティトが書いたのです。スキルを学ぶ時は、ときには時間をかけることが必要です。そうすることで、脳の中で早く反応する部分に、体の他の部分が追いつくことができます。

私とティトは誰も見ていない中で、二人だけで取り組みました。幼かった私が字を書き始めた時や単語を綴り始めた時に、データを取る人がいたでしょうか？　私はティトが普通とは違う子どもなので、学習段階をすべて記録し、データをとり、質問攻めにするべきだと考えたことはありません。科学的な観察やデータなど必要ないと思いました。

専門家の指導は受けませんでしたが、私にはティトに対する使命感と高い目標がありました。それはティトの力を最大限に引き出すことでした。

私は1日2回、ティトに文字と数字を書き取らせました。例えば私がOと言えば、ティトがOと書く。私がKと言えば、ティトがKと書く。できない時には、私が紙に書いたアルファベットの表を見せ、ティトに文字を指差して覚えるようにと言い、次に私が文字の表を隠して、書くように指示しました。

「のぞき見はダメよ」と、ティトに注意します。それでもティトがつまずくと、もう一度、文字盤を見せました。「もう一度見たいの？　わかりました」ときにはそれでも戸惑うことがありました。「またわからなくなったの？　では、次に書く時にはKがすんなり出てくるように、10回練習しましょう。じゃあ、今度はSを書きましょう」「よく書けました。でもSの字の上の方が、下の方より重たく見えるわね。頭でっかちのSが転んだら困るでしょう。ではもう一度Sの字を練習しましょう。Sがこんなに頭でっかちだったら、起き上がれないでしょう？」「私がこんな風にティトの頭の上に重い本を載せたままにしたらどう思う？　嫌よね。さあ、Sをちゃんとしてあげましょう」ティトが書く練習をしているあいだ中、私はそんな説明を続けました。

私たちは、何日も何ヶ月も、こうした日々を過ごしました。そして思ったとおり、ティトが文字を書くのを目にした時、医師は初めて信じてくれました。記録はなく、あるのはティトが訓練を重ねたノートだけです。私自身も根気強く取り組むという訓練を重ねたように思います。つまりティトと私はお互いに教えあったのです。一緒に学びあうことが最良の方法だと私は思うのです。

コミュニケーションを発展させる

「昔、むかし……、さあティト、昔何があったと思う？」ティトは「circle（円）」と、一文字ずつ指差して書きました。「ティト、circleはいつでもある物なの。太陽や惑星、地球、月、眼といった球の形をした物があるでしょう。なぜだと思う？　球の表面は、もっとも安定した張力を持っているの。だからいろいろな物が球の形になろうとするのよ。circleを昔あった事柄にしないで、もう1回やってみましょう。昔、むかし、あったのは……」ティトは「c-a-r（車）」と一文字ずつ指しました。「ではcarと書いてみて。それからどうなるの？」ティトは、「i-t」という文字を指差しました。私は「it」と書かせました。

それからティトは「d-i-d」と指差して、書きました。その後は「not」という単語でした。これも指で示し、書き出しました。次は「g-o」と指差した後に書き、最後に「f-a-r」と指差して、書きました。こうしてティトは詩を書いたのです。“Once upon a time there was a ……car. It did not go far.”（昔、むかし……一台の車がありました。それは遠くまで行きませんでした）。

私はカレンダーに目をやりました。1994年7月で、ティトはあと数日で6歳になるところでした。私の息子は５歳の詩人になったのです！

単語を一文字ずつ指差しては、その文字を書き出すやり方で、今度はティトに単語を二つ組み合わせることを教える必要がありました。方法は同じですが、文字盤を見ずに書かなければならないので、ティトにとってはもっと難しくなります。最初は文字を忘れてしまうことがあったので、手助けをしました。指導者としての私の役割は、ティトが学ぶのを助けることであって、テストをしてティトをうろたえさせることではありません。

私は形容詞を使って「青いペン」「黄色い太陽」といったように、二つの単語を組み合わせました。ティトにとって色は重要でした。息子は自分の気持ちを色で表すからです。ここでティトが出版したThe Mind Tree（ぼくは考える木）の中から、「すべては虹の道を通って」と題された話の一部を引用してみます。

> 人も顔をゆがめて笑う。
> 特にスープに映った顔を見るときは。
> Bulbul叔母さんは、そんなゆがんだ笑顔だった。
> ぼくがまだ幼い頃、母がぼくに子ども用の本で教えようとしているのに、ぼくができなかった時、母が根気を失った時、部屋がまるで2ヶ月前にぼくがかかった黄疸のように黄色くなった時、Bulbul叔母さんのゆがんだ笑顔が見えた。
> それは叔母さんが黄色くなる前だった。
> 黄疸のような黄色。
> 部屋のいたるところが黄色かった。
> 黄色には味までついていた。
> そうやって黄色は酸っぱいことを知ったんだ。
> 黄色はあまりに強烈で、考えただけで口の中が酸っぱく感じる。
> 笑顔の木を見つめながら、ぼくは黄色を吐き出した。
> －Rajarshi “Tito” Mukhopadyay（注1）－

第2章

自閉症は「自分の世界に閉じこもる」こと？

自閉症の診断を受けた子どもたちは「自分だけの世界に閉じこもっている」とか「私たちの世界にほとんど気づいていない」などと言われます。多くのセラピーや行動療法は、自分だけの孤立した世界から子どもたちを引き出して、普通の子どもの育ち方に合わせようとすることを目的にしています。

インドにいた頃、自閉症のことを知らない若い母親だった私は、助言を求めて会いにいった自閉症の専門家たち数人からそのような説明を受けました。幸い私の住む地域でもいくつかのセラピーを受けられたので、言語療法や、少しですが感覚統合なども含めた療法をティトの生活に取り入れました。

専門家やセラピストたちの説明には、私には納得できないものもありましたが、専門家と言い争っても何も解決しません。彼らもティトのことを思って助言してくれているので、私は専門家やセラピストの言うことに異論をはさまないことにしました。当時の私にとって、息子のためを思ってくれる人がいることが大切でした。誰にでも社会的な役目があります。私には親の役割があり、専門家らもそれぞれの役割を果たして、お互いを必要としているのです。それに私は、ティトを気づかってくれる人からの精神的サポートを必要としていたので、むしろ私の方がより専門家を必要としていたと言えるかもしれません。論争や対立は、親の私と専門家との関係を悪くします。損なわれた関係は切れた糸のようなものです。つなぐことはできても、結び目が切れた跡として残ってしまいます。

ティトのことを悲観的に見る専門家に対しても反論しないで、私は自分で答えを探すことにしました。そして息子にいろいろ試してみたところ、私は彼が自分の世界に孤立しているわけではないことに気づいたのです。例えばティトは、私がチョコレートの包みを開けるとその音を聞きつけて、どこにあるのか見にきました。たとえ私がチョコレートをクッションの下に隠しても、見つけようとしました。秘密の隠し場所を知っていたのです。けれど私がじゃが芋を隠して、それを探すように指示しても、ティトは見つけることができないし探そうともしません。でも私が言葉で探し方を教えれば、じゃが芋を見つけることができました。例えば、「あなたのちょっと左側。そのお椀の下よ。そう、そこにありますよ。もう少し手を伸ばして、こういう風にお椀を持ち上げてみて」と指示します。他の生徒たちを教えていくうちに、私はこのように言葉で指示をすると生徒たちが反応し、行動を起こしやすくなることに気づきました。自閉症児の親たちは、子どもが特定のものや行為には興味を示すのに、それ以外のものは見ようともしないことを経験から知っていると思います。

普通とは違ったティトの成長をみて理解しようと努めた結果（息子は自分の世界に引きこもっているわけではない）という考えに達したのです。私はティトが隠されたチョコレートを見つけるたびに（チョコレートがあることがわかって別々の隠し場所を知っているような子が、完全に別の世界にいるわけがない）と思ったのです。

私は、息子がなぜか特定のものや行為には関心を示すのに、他のことには見向きもしないことについて考えました。見向きもしない事というのは、ティトの感覚が求めていないか、関心を引かないものなのです。

物理学者のスティーブン・ホーキング博士は「ブラックホールは完全にブラックではない」(注2)という理論を立てました。ティトが、チョコレート・鏡・影・カレンダー・天井の扇風機・アルバム・シャンプーの空きびんや階段のある、この同じ世界にいるのを見て、ホーキング博士の理論が私の頭に浮かびました。息子が興味を持つ物は非常に限られているとはいえ、その限られた物を使ってできることは沢山あるはずです。こうした私自身の考えや自分で考えた教育法について、周りから笑われたくなかったので、他の人には話しませんでした。

自閉症を持つ多くの子どもや大人たちは、周りの環境から特定の感覚を満足させる物や行為だけを選びます。ティトはシャンプーの空きびんと影を選びました。トムならアニメのDVDとお気に入りの漫画本です。自分のいる環境にある限られた物事の中から、ジェロームは糸を、ケイティは石を、エリカは揺れたり走ったりという体の動きを、ロンは蛇口から流れ出る水を飽きることなく見続ける、といったことを選ぶのです。

自閉症を持つ人は特定の感覚モード（視覚、聴覚、触覚または運動感覚）によって、何を選ぶか決めます。この感覚モードは、その場の状況に応じて活発になります。

自閉症を持つ人の興味の範囲は狭いかもしれません。また、その場の状況全てを一度に把握しないこともあるでしょう。それでも彼らが関心を抱くものは、私たちと同じ世界にあり、私たちと共有しているのです。私はこの世界を「彼らの世界」と「私たちの世界」に分けて考えるのではなく、誰もが何かしら関心を向けるものがある一つの世界であると考えたいのです。

第3章

通常とは違う感覚発達を理解する

ほとんどの赤ちゃんは、さまざまな役割をすぐに果たせる1,000億もの神経細胞を備えた感覚器官を持って生まれてきます。それぞれの感覚機能は大脳皮質とつながっていて、時間とともに記憶や意味と結びついてゆきます。見たり、匂いをかいだり、味わったり、音を聞いたり、触ったりすることで感覚が活発になり、神経経路も強化されるのです。このあいだ、特定の神経経路が強化されていく一方で、別の経路が使われなくなります。

赤ちゃんは二つの感覚機能（バイモーダル）を使うことからはじまり、その後、多くの感覚機能（マルチモーダル）を使うように発達していきます。感覚の経路がバイモーダルからマルチモーダルへと段階的に発展していくことが、正常な発育（定型発達）につながります。やがて赤ちゃんは音を聞いた時に、母親の声やドアのノックの音を聞き分けるようになります。

開かれたさまざまな感覚経路を通じて受けた刺激が神経細胞に届くことを、感覚入力といいます。感覚にはいろいろありますが、テーブルを例にとると、それを見たり触れたりすることもできれば、なめて味を感じたり、においを感じることもできます。またテーブルを動かしたりその上に何かを落とした時、手で叩いた時の音などを関連づけ、さらに「テーブル」という言葉と結びつけることもできます。私たちはこれらすべての感覚入力を一つに統合して、テーブルの意味を理解しているのです。

感覚機能がバイモーダルからマルチモーダルへと発達する期間に、自閉症を持つ人の違いがはっきり現われてきます。自閉症の場合は感覚機能の発達が異なるからです。例えばテーブルがそこにあっても、すべての感覚経路（視覚、聴覚、触覚、運動感覚）が連絡し合わなければ、それをテーブルとして認識しきれないことがあります。逆にテーブルの視覚的イメージ、触れた時の感じ、匂い、口をつけた時の感触や味のうち一つの感覚だけが過度に刺激され、その特定の感覚刺激とテーブルとを結び付けてしまうこともあります。テーブルを叩いた時の音が記憶に残り、それ以降はテーブルを目の前にするとその音を聞かずにはいられなくなることもあります。

アンダー・コネクティビティ理論

自閉症は、「脳のさまざまな領域が十分に連携や統合できないという脳全体の障害である」(注3)という考え方が、アンダー・コネクティビティ理論です。この裏づけとして、自閉症を持つ人の脳をMRIを使って調べたところ、脳内のさまざまな領域を配線のようにつなぐ白質に異常があることが発見されています。この理論はまた、自閉症を持つ子どもたちは、細かい部分に気がつくことは得意でも、入ってくるさまざまな情報を総合して理解することが苦手である（セントラル・コヒーレンスが弱い）(注4)というウタ・フリス教授の理論に通じるところがあるかもしれません。

発達の仕方が異なり、一つひとつの感覚が個別に働いて統合されていない場合、「テーブルには強い興味を示すのに、自分に向かって転がってくる赤いボールには見向きもしない」ということがおきます。さらにテーブルに興味を示す時でも、口をつける（口による刺激）、叩く（聴覚の刺激）、見つめる（視覚の刺激）、匂いをかぐ（嗅覚の刺激）などのいろいろな感覚のうち、たった一つの感覚を使ってテーブルに反応するという場合もあります。

視覚刺激が過剰に入る場合、その子どもはテーブルを見ることだけに気をとられ、周囲のことは目に入らないかもしれません。テーブルを見つめることをさえぎられて視覚刺激がなくなったり、逆に刺激が強くなりすぎたりすると、かんしゃくを起こすこともあります。

テーブルに触った感じ（触覚刺激）で過剰刺激を受ける子どもは、手や腕でテーブルの滑らかな表面や角に触ることに夢中になることもあります。そうした刺激にのめりこんでいる子どもは、テーブルに触っているだけで、一人で放っておかれても満足しているように見えるでしょう。

口による刺激（触覚刺激）を求める子どもの場合は、テーブルの一部に口をつける衝動にかられて、それに熱中しすぎてしまったり、止めることができなくなったりします。

ある音の記憶から感覚が刺激されてしまう子どももいます。テーブルを見たとたんにテーブルの脚が床とこすれあう音や、テーブルの表面を叩く音の記憶が頭に浮かび、何度もなんども同じ音を聞くために、テーブルを動かしたり叩いたりするかもしれません。そうした音にこだわっているあいだは、周りの環境にある他からの刺激は一時的に受けつけなくなっています。

自閉症児を持つ親たちは、子どもが強い興味を持っているものを取り上げたり、自己刺激行動を止めさせたりするとどうなるか、痛いほどわかっていると思います。息子のティトが幼い時も、受けている刺激の度合いによって叫び声を上げたり、ひどい時は泣きわめいて手がつけられなくなったりすることがあり、私もティトの感覚刺激をなんとか元の状態に戻して、叫び声を止めさせせようとしました。

生まれたての赤ちゃんと母親を最初に結びつけるのは、視覚ではなく聴覚です。聞く能力は胎児の時からあり、お腹にいる時から母親の心臓の音を聞いています。生まれた後も、赤ちゃんはどんな音よりも、母親の声に親しみを感じるのです。

息子がなぜ私の歌う歌詞によく反応するのか、新しい歌ではなく、同じ歌を繰り返し聴きたがるのか不思議に思っていました。私がいつもの歌の歌詞をわざと間違えると、ティトは声をあげてすぐに合図するのです。これについても胎児が母親の声を身近に聞いており、赤ちゃんは同じ音のパターンを生まれてからも好むという研究結果[注５]を知って、納得がいきました。

赤ちゃんは成長するにつれ、さまざまな感覚を結びつけながら感覚入力を続けます。音を聞いてその音源が目に入らない時でも、音を出しているもののイメージを頭の中で描くことができるようになります。

ところが、これは自閉症を持つ人に起こることですが、一つの感覚が他の感覚よりも多くの情報を集めはじめると、他の感覚はそれぞれ別々のままで統合されない場合があるのです。そこから通常とは違った発達をしはじめます。そうなると環境や社会に対する適応も、一般とは違う発達経路をたどることになります。

このように違う形で成長をする場合、ときには聴覚と視覚が非常に発達して、他の感覚刺激とのつながりが弱かったり、まったく結びつかなかったりします。

例えば、母親の声と、その音を発している母親の唇の動きを結びつけられないことがあります。ある日、息子は私が歌うと私の唇が動くことに気がついたのですが、それまでは知らなかったのです。

母親の近くにいる時に、その声を聞きなれている子どもは、母親が周りの環境の一部であるかのように考えるかもしれません。その場合、母親の姿が見えなくなると、ひどく動揺してパニックを起こすことがあります。その子どもは、母親がいるのがあたりまえのはずの環境から、母親の姿が消えると混乱してしまうのです。ティトの場合は、他の大人には近づこうともしませんでした。私がいない時に誰かに抱き上げられようものなら、恐怖のあまり叫び声を上げました。ティトは今でもあまりよく知らない人の声よりも、私の声に対してよく反応します。こうしたことについては、ティトが書いた本、『How Can I Talk if My Lips Don't Move?（唇が動かないのに、どうやって話せというのさ？)』[注6]（2008：Tito Rajarshi Mukhopadhyay）に詳しく書かれています。泣き叫ぶ子どもに、聞きなれたメロディをハミングしたり、お決まりの言葉を繰り返し聞かせて落ち着かせたりする親もいると思います。ティトがパニックを起こした時は、私もそうしました。でも聞きなれたハミングや歌や詩を聞かせて落ち着かせるという手は、ティトが聴覚を使う傾向にあったからこそ効果があったのです。

違った形の発育をする赤ちゃんの中には、聞こえる音よりも、目に見えるものにより興味を持つ子がいます。この子たちは聴覚的ではなく、視覚的だと言えます。周りの環境を視覚でとらえる時には、動き、色、明るさ、複雑さ、コントラスト、輪郭、奥行き、距離などもふくめて見ています。こういう赤ちゃんの場合、その場で何が目に入るかによって、注意力や、あるいはその環境を受けつけることができるかどうかが決まります。視覚にたよりがちな赤ちゃんの場合、聞こえてくる音で感覚的に負担がかかり過ぎると、神経経路のバランスが崩れてしまいます。話し声や、さまざまな声を苦痛に感じてしまう子どももいます。その場合は負担になっている音源がない場所に移動させたり、その子が見慣れているお気に入りの絵本やDVDを見せたりすることで落ち着かせることができるかもしれません。

触覚を使う、つまり物に触れることで心の安定を得るようになる子どももいます。こうした赤ちゃんや子どもたちは、どんな環境にあっても、毛布や布でできた人形などを握ったり、口に入れたりすると落ち着きます。これは定型発達児にも当てはまる時がありますね。

物の感触を好む傾向は、大きくなるにつれてより強いこだわりとなり、こだわりの対象が限られたものになるとよく聞きます。6歳以上になっても、幼児期から持っている触りなれた物とは違う新しい手触りの物は拒みます。ただしこのタイプの子どもは、感覚過敏で動揺した時でも、比較的落ち着いています。お気に入りのおもちゃや毛布さえ与えておけば、感情を爆発させて泣き叫ぶという心配は少ないでしょう。

運動感覚、つまり体を動かすことを主な感覚刺激に使うタイプの子もいます。動きそのものは、厳密に言うと感覚に入らないのですが、運動感覚にはその空間での身体的刺激が含まれます。このような子には、常に衝動的に動かずにはいられないような落ち着きのなさが見られます。父親が抱き上げようとしても、すぐに腕から降りてテーブルの下にもぐりこみ、テーブルの反対側から出てきます。そして椅子の周りを回って、椅子の上にのり、行こうとする方向に立っていた私にぶつかりそうになりながら横をすり抜けていきます。そして再びテーブルの下に入り、同じ行為を繰り返します。周囲が止めようとしても、気にもかけません。その部屋にいる限りは、そうやって動き続ける役割を与えられたかのように、何度も同じパターンで動き回ります。動きを止めようとしても力ずくで動き続けようとするので、ぶつかり合いになります。父親はそうした衝突を避けたいと思い、この子は周囲の環境を感じとるための手段として、こうして動き回る必要があるのです。

ブランコが大好きでいつまでもブランコを漕いでいる子どもがいれば、回る動きが好きで自分で回るか、あるいは回転する物を飽きもせずに見つめ続ける子どももいます。最初の数ヶ月、数年で、子どもたちにこうした癖があらわれると、発達の仕方が通常とは違う兆候だといえます。そして（個人的には好きな言葉ではありませんが）危ないとか要注意だという言葉で呼ばれています。

すべての感覚がつながらず、それぞれ別々に働くと、子どもは聴覚、視覚、触覚あるいは運動感覚のうち、一つの感覚入力だけに集中するようになります。自分が落ち着けるその一つの感覚を通して、自分の周りの環境をその子なりに理解しようとしているのでしょう。

第④章

自閉症を持つ人の適応行動

トムはおじいさんが新しい自転車をプレゼントしてくれたというのに、突然部屋から出て、水道の蛇口に向かって走って行きました。なぜなのでしょう？　プレゼントが気に入らなかったのでしょうか。笑顔で感謝の気持ちをあらわすとか、せめてその自転車を見るくらいはすべきではないでしょうか。なぜ幼いアンはどこに行く時も、シャワーを浴びる時でさえも後生大事に紐を手に持っているのでしょうか？　なぜジェリーはおもちゃを沢山買ってあげても、自分の影にばかり気をとられているのでしょう？

このような普通とは違った行動を理解するには、適応行動について少し知っておく必要があります。

適応に必要な均衡化

子どもの発達について研究したスイスの心理学者ピアジェによれば、すべての生命体は**均衡化**を図ることで適応していきます（注7）。人間やその他の高等動物にとって、均衡とは認知、感情、運動機能のバランスを指します。

動物の種によって、均衡は変わります。例えば犬なら走って骨をくわえ、それを噛むのが犬らしい均衡のとれた姿です。こうした犬らしい行動をとらなければ、認知や感情、あるいは運動機能になんらかの不均衡があると考えられます。人間なら骨を見ても興味を示さないか、あるいは投げて犬に取ってこさせるというような、犬とは違う反応をすべきでしょう。

動物は均衡のとれた状態にあると、周りの環境により、効率的にごく普通と思われる動きや反応を示すことができます。

環境が生命体の均衡化に与える影響

環境には、主に内的環境と外的環境の２種類があります。

内的環境は身体の中枢神経系に左右されます。人は身体的な痛みを感じた時、後ずさりしたり、あるいは医者に助けを求めようとするでしょう。辛い出来事があった時には、感情が影響を受けると思います。心の痛みを感じた時に示す反応も、普通だと見なされる範囲（社会的期待）があります。そこからあまりにも違った反応を示すと、問題視される可能性があります。

外的環境は周りの環境ですが、内的環境とも相互に関連しています。静かな部屋は一つの外的環境であり、人が沢山いる部屋もまた別の外的環境です。

内的環境と外的環境が調和している時、身体は刺激に対して適切なタイミングで適切な行動をとり、社会的な期待との均衡化を図ります。

内的環境と外的環境を理解し分析するには、論理的で筋道の立った仕組みが必要です。社会から期待されることと自分のとる行動とのあいだで均衡を図るためには、次のような能力が必要になります。

1．行動を起こすための一つひとつの手順を、頭の中で組み立てて計画する。

2．頭の中で組み立てた手順にそって、計画を実行し行動に移す。

こうして均衡化を図ることができれば、適応できたと言えます。

適応は二つのプロセスから成り立つ

ピアジェによれば、「適応」は２つのプロセスから成り立っています。

一つ目は同化です。**同化**とは、新しい経験について、すでに知っていることと照らし合わせて理解しようとする能力です。同化によって、子どもは認知、感情、運動能力と三つのすべての分野で学習を続けていきます。

二つ目は調節です。**調節**とは、新たな物やできごとに出会った新しい経験の中で、すでに持っている知識では説明がつかなければ、それらを理解するためにその知識を変えていく能力です(注8)。

自閉症を持つ人は発達に障がいがあるので、この**同化と調節**という適応のためのプロセスで均衡がとれずに、うまくいきません。この結果、社会的に普通だと思われる枠からはずれた行動がでてしまうのです。

例えばこんな例があります。

トムは、おじいさんが新しい自転車をプレゼントしてくれたというのに、突然部屋から出て、水道の蛇口に向かって走って行きました。なぜなのでしょう？　プレゼントが気に入らなかったのでしょうか？　笑顔で感謝の気持ちをあらわすとか、せめてその自転車を見るくらいはすべきではないでしょうか？　また幼いアンはなぜどこに行く時でも、シャワーを浴びる時でさえ後生大事に紐を手に持っているのでしょう？

そしてジェリーはなぜ、おもちゃを沢山買ってあげても自分の影にばかり気をとられているのでしょう？

このような疑問に対し、問題解決の方法が考えられてきました。しかし自閉症を持つ人向けに定型発達者が考える解決策は、「行動管理療法」であることがほとんどです。

このような療法は、自閉症を持つ人の行動を社会に受けいれ易くする（いわゆる「普通」にする）ために抑制したり、変えたりすることを目的にしています。これは英語圏の人に対して、英語のかわりにアイスランド語を使いなさいと言っているようなものなのです。

今日、よく見られる一般的な解決法の一例をあげてみましょう。

- 「なぜトム、アン、ジェリーが他の人と意思疎通ができず、普通に行動できないのかわからないので、より一般的で好ましい適応行動を行動療法で教えてみましょう」。
- 「トムが新しい自転車を見た時に、走り去らないように教えられますか？　おじいさんはがっかりしてしまいますし、私たちは『自閉症』にありがちなことを再び説明しなければなりませんでした」。
- 「今度こそアンは紐を手放して、私たちが紐を取り上げてもかんしゃくを起こさないようになりますか？」。
- 「ジェリーに対してはどうでしょうか？　彼は影ではなくておもちゃで遊ぶようになるでしょうか？」。
- 「個人教育プログラムに、行動療法も取り入れてみましょう」。

何年か過ぎ、トムやアン、ジェリーは成長します。

トムは、もう自転車から走り去ることはありません。今は自転車に乗る練習をしています。ただしペダルを踏むと、ハンドルをまっすぐにして握っていることを忘れてしまうので、作業療法士がトムに指導しています。

この時点でも疑問は解決されていません、トムが一人で自転車に乗れる日がくるのでしょうか？　見ていてくれる人がいない時に、トム自身にある知識と運動能力を使って道の状況を判断し（ピアジェの「同化」）、一人で自転車に乗れるでしょうか？　自分の家の庭を出て、交通に注意しながら一般の道を走れる（ピアジェの「調節」）でしょうか？　トムは自転車に乗れるようになるかもしれませんが、覚えた知識やそのやり方を同化させ、調節して、さまざまな場面に応用することはできないかもしれません。私たちが期待するような形でトムが安全に自転車に乗るには、いろいろな環境に適応する必要があるのです。

アンも行動療法のおかげで、もう紐を手にしていません。「紐はだめ」とだけ言われて、紐を取り上げられてしまった後の数日間は、紐のことが気になってしかたがありませんでした。今はそのかわりに、頭を振ります。あまりに激しく振るので、周りの人が心配するほどです。アンは紐を握って満足させていた触覚を、運動感覚に置き換えて、今では頭を激しく振ることで運動感覚を満足させているのです。

ジェリーも影に興味を示さなくなりました。今はどこに行くにも、小型のDVDプレーヤーを持っていきます。車の中・飛行機の中・食べている時・他の人といる時・どんな時でもDVDプレーヤーを手放しません。彼はこれからもDVDプレーヤーを手放すつもりはありません。

> 「私たちはとても頑張りました。静かなジェリーをみてください！　行動療法を始めてから、ジェリーの振る舞いは確実に良くなりました。彼は、もう自分の影と遊ぶことはありません。でも、先生はいつ読み方の練習を教えるつもりかしら？　ジェリーはDVDだけで、本はもう好きじゃないようだけれど」。

適応行動をどう見るべきか？

ここで私が助言するならば、トム、アン、そしてジェリーは、自分なりに適応しようと頑張っていると理解することです。この子たちが、自分なりにできる少し変わった適応方法をとっていることについて、それを問題行動だと宣言するのは残酷なことです。この子たちは発達していく過程で普通とは違った形の同化、調節をしているだけなのです。

どう支援すべきか？

トムやアン、ジェリーが自分たちなりに環境に適応する一番良いやり方を見つけられるよう、環境（外的環境と内的環境）について教えてあげることも一つの方法です。さらに、子どもの普通とは違う行動のうち、どれを問題とみなすか考える必要があります。子ども自身または周りの人にとって無害な行動なら、それは適応行動として認められます。例えばアンが紐をいつも握っていることは、たいした問題ではないので、そのままにしておくという判断もあるでしょう。

その一方で、止めさせるべき行動もあります。例えば子ども自身、あるいは周りの人を傷つける恐れがある攻撃的な行動などです。こうした行動は抑制するか、他の行動に変えるよう仕向ける必要があります。以前、19歳の男の子が私の目の前で服を脱いで裸になってしまうという経験をしました。同じことが起こらないよう、親御さんにはウエストがゴムで脱ぎやすいズボンではなく、チャックやボタン、ベルトのついたズボンをはかせるようにお願いしました。このような状況の時は、予防的な措置をとることで、自閉症を持つ人もご両親も気まずい状況を避けることができます。

第5章

認知面の発達段階：自閉症の場合

定型発達児童の場合、四つの発達段階があります。一つの段階が完成したら、それを土台に次の段階を積み重ねて発達していきます。

第 1 段階：感覚運動的知能

発達の第 1 段階では、感覚と運動をつなぎあわせる感覚運動的知能と呼ばれる能力を学びます。赤ちゃんはからだの中と外の両方から感覚刺激を受けますが、最初にからだの内側からの刺激に反応します。赤ちゃんが、おなかがすいた時やからだに痛いところや気持ちの悪いところがある時に泣くのはそのためです。赤ちゃんは外界からの刺激で、さらに感覚運動的知能を学んでいきます。**認知、感情、運動**という三つの面から周りの環境と関わりはじめ、成長するにつれ五つの感覚チャンネルが結びついてゆき、均衡化が図られます。赤ちゃんが母親の姿を認識すると、笑って母親に向かって手を伸ばすのがその例です。

自閉症は、認知、感情、運動の三つのつながりがうまく働かないため非定型的な発達をします。例えば、自閉症の子どもは対象となる物を認識していても、理解しているということを適切な行動で表すことができない場合があります。ボールがあって、そのボールをどう使うのかをわかっていても、ボールを拾って投げるという行動につながる感覚を働かせることができないのです。

認知、感情、運動能力が適切に関連し合うことがないと、子どもは変わった反応やジェスチャー、感情表現や行動を起こします。

トムはおじいさんが買ってくれた自転車に反応しませんでした。しかしそれは、自転車が何なのかわからなかったからではありません。おそらくその時に、適切な感情や行動を起こすスイッチを入れることができなかったからでしょう。たとえ感情面で適切な反応を示すためのスイッチがつながったとしても、次の運動面でそれに見合った計画をたてて行動に移すところまでつながらないかもしれません。トムは、その場に合った感情（嬉しい、感謝するなど）を持っていたのに、認知、感情、運動の三つがうまくつながっていないために、その気持ちを表現して自転車に乗ることができなかったのかもしれないのです。

その代わりに、トムは別の行動をとりました。

トムが洗面所の蛇口に向かって走っていったのは、新しい自転車というニュースを、お気に入りの蛇口の水に伝えるためかもしれませんし、流れる水を見れば笑顔になれるとわかっていたので、笑顔でおじいさんに感謝の気持ちを示すためなのかもしれません。新しい自転車を見た時に、トムの感覚は他の人とは違う形ですが、確かに反応していました。トムの感覚が普通とは違った形でつながり、その結果おじいさんの期待とは違った行動になっただけなのです。

私は「誤ったつながり」ではなく「違ったつながり」と呼びます。「誤った」というのは、私たちの一方的な見下すような解釈だと思うのです。トムの神経系が普通とは違った形で発達したのは、トムのせいではありません。私が普通にとっている行動が、トムから見ればおかしいと思うことがあると思います。こうした違いについて、お互いを尊重する目を持つことが重要だと思います。

第２段階：前操作段階

認知発達の二つ目の段階では、子どもはジェスチャーや物まね、ごっこ遊び、象徴的な絵や言葉、そして最終的には話をして自分の考えを象徴的にあらわす手段を身につけていきます。この発達は、さまざまな場面で他の人の反応や行動を見て、それを真似することで、いろいろな内的環境、外的環境に応じて自分がどのように振る舞ったら良いかを学び、適応していく重要な鍵となります。

〈ミラー・ニューロンとは何か〉

ミラー・ニューロンは、前運動皮質にある脳細胞のことです。1990年代にマカクザルの脳で、初めて特定されました。見ている側が真似をしようとする時は、この脳細胞が働きます。真似をする時に、何が起きているかを観てみましょう。

次の図を見ると、人間が物まねをする時の過程がわかるかと思います。

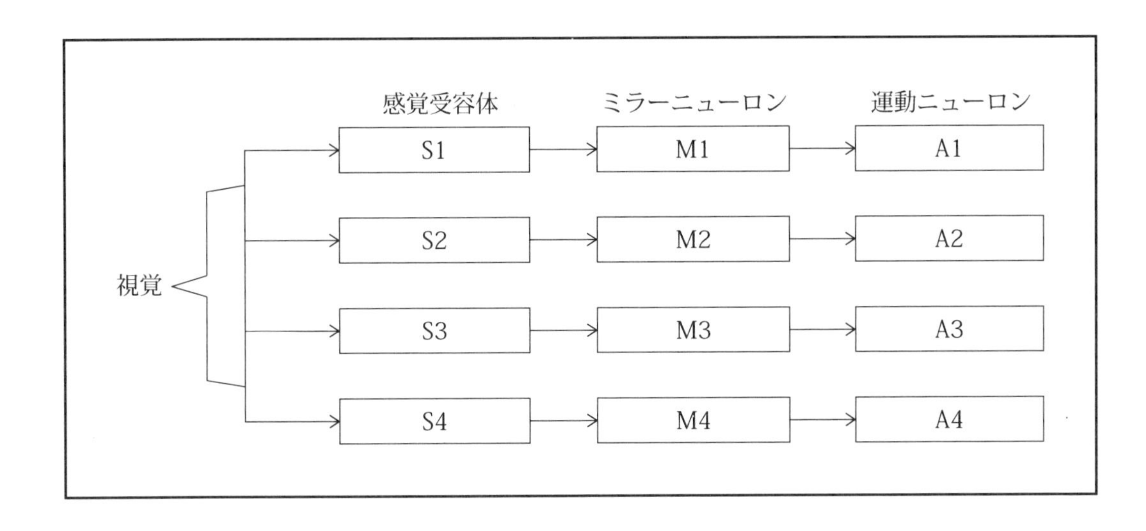

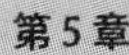

このように、網膜に映った対象の像は視神経を通じて情報として脳に伝達されます。

その結果、脳の感覚受容体は、

→注意を向けて、目に映った対象人物の行動を**受ける**（S1）

→その行動を**理解する**（S2）

→その行動を**支持する**（S3）

→最後にその行動を**コピー（真似）する**（S4）

その後に脳の中で神経細胞を結んでいる、シナプスと呼ばれるネットワークに伝わります。シナプスのネットワークは適応力があり、その結合の強さもその人の学習則（シナプス結合を変化させるルール）によって変わります。そして最後にミラーニューロン（M1,2,3,4）が、シナプス・ネットワークに隠れた層として機能します。これらは一つひとつが、特定の運動（A1,2,3,4）と関連しています。

定型発達の子どもであれば、ミラーニューロンが感覚シナプスを脳の運動野に伝えるので、見本となる人の行動を容易に真似することができます（図の右側）。けれども自閉症を持つ子どもで**ミラーニューロンが過剰に活発化しているか、不活発な傾向にある場合は違った形で発達します。**

カリフォルニア大学サンディエゴ校の研究では、自閉症の人はこのミラーニューロンが正しく機能しないと指摘しています。この研究で、対照群（自閉症ではない人たち）では本人が動いた時だけでなく、他の人が動くのを見た時にも、脳内のミラーニューロン系が活発になりました、しかし自閉症スペクトラムがある人たちの場合、本人が動いた時しかミラーニューロンが反応しなかったのです。

「自閉症を持つ人のミラーニューロン系が正常に機能しないことが、さまざまな障害の要因となっている可能性があり、特に他人の行動を理解して適切に反応することが難しいという証拠がこの研究で示されました」と、カリフォルニア大学サンディエゴ校でこの研究を行ったリンゼイ・オバマンは述べています。同氏は博士課程の学生で、脳と認知センター所長であるV・S・ラマチャンドランと、認知神経科学研究所長のジェイミー・ピネダとともにこの研究に取り組みました。『自閉症とミラーニューロン不全の関連』（サイエンス・デイリー：2005）（注9）

前操作段階でどれだけ認知が発達するかは、このミラーニューロンを効果的に使えるようになるかどうかにかかっています。自閉症の人たちは、この段階で定型発達児がするような、物まねや空想、ごっこ遊びや知っている物を図や絵に描く、言葉を使うということをしません。しかしこれは、自閉症をもつ子どもに抽象的なことを理解する能力が欠けているという証拠ではないのです。

「このようにして『A』という文字を書きます。それでは書いてみましょう」と、先生がサミーに鉛筆を手渡しました。サミーは、Aという文字はわかっているのに、書くことができません。先生がAの書き方を教えようとしていることも理解しているのです。しかしサミーの運動動作が先生の手本を真似することができないために、サミーは言われていることがわからない、あるいは認知能力に問題があるという間違った結論を出されてしまうこともあります。

模倣（物まね）、知っている物を図や絵に描くこと、ごっこ遊び、ジェスチャー、あるいは話すということができないからといって、言葉がわからない、あるいは物事を理解する認知力がないと結論づけることはできないのです。

私たちは、口頭でうまく話ができるかどうかで、大方その人の知的能力を判断してしまいます。なぜなら、その人が頭で理解し考えていることは、そっくりそのまま話している内容にあらわれていると思っているからです。

しかし、脳が違った形で発達する場合、その人が考えていることや理解していることと、発語の能力は一致しないことが多いのです。自閉症を持つ人は、認知発達の前操作段階が他の人とは違うので、その次の発達段階も違ってきます。

第３段階：具体的操作期

この段階では、子どもは物事を分類したり順序付けたりできるようになります。原因と結果を論理的に理解し、実際の事物であれば問題について思考することができるようになります。さらに人間関係やそれによって生じる問題を分析したり、対処したりすることができます。実際に存在するものに関して、より論理的に考えられるようになると、複雑な問題にうまく対応できるようになります。論理的な法則をあてはめて物事を判断し、推論し、より説得力のある考え方を選んだりできるようになります[(注10)]。

操作とは、実際にそこにあるものに対して、あるいは頭の中にあるものに対しての行為を指します。**心的な操作**は、動作による行為ではなくて、頭の中で起こす行動のことです。問題を解決するためにどうしたら良いか、頭の中でいろいろ試行錯誤しながら考えて、一番よい方法を判断します。心的な操作での大きな利点の一つは、逆方向にも（可逆操作）できることです。例えば、頭の中でコップに水を入れることを考えた時、そのコップから水をあけて、再びコップに戻すこともできます。順番通りに物事が進む感覚運動（行動や動作）と比べ、心的な操作は頭の中で組み立てたり、やり直したりできるのです[(注11)]。

ピアジェ（1896－1980）は「具体的」という言葉を、このあとの段階でできるようになる仮説的な推論と対比するために使っています。**具体的操作期**の段階では、現実にある具体的な物や、物と物がどのような関係にあるのか、論理的に考えることができます。以前に見たことがある、あるいは論理的な知識からすでにその人の世界にある物が、思考の中心になります[(注12)]。さまざまな物を実際に目で見る、あるいは教育を通して知ることがなければ、この段階をマスターすることはできません。

> 私は火星と木星についての記事を読みました。私は火星や木星に行くことがなくとも、頭の中でこれらの惑星について考えることができます。隔絶された場所の原始的な村にいる人に、例えば火星に向かうロケットについて考えることは期待できないでしょう。しかしながら、崖を登ることや、ココナッツの木についてであれば、具体的操作を期待することができます。

時間とともに人は、この段階で身につけた技能を使い、身の回りの具体的な世界にある事象の論理や秩序、予測をはっきりと理解できるようになります。教育や実体験によってさまざまな仕組みや環境にさらされると、この発達段階により深く適応することができるでしょう。

認知の発達の仕方が一様でなく、感覚運動機能に障害があるというだけで、その人たちに知識や学問教育を与えないのは間違っています。その人に学習能力がないと見なしてしまうと、発達が具体的操作期に達するのを妨げてしまい、一生を通してさらに大きな障害を持つ結果にもなります。学習の機会を与えられなかった人は、光を見ても、その影響や使い道を理解しないでしょうし、おたまじゃくしを目にすることはあっても、そのライフサイクルを理解することはないでしょう。学ぶことのなかった人は、内的または外的環境にあるさまざまな物事が影響しあうことがあっても、そこから完全な結論を引き出すことはできないでしょう。

学問を学ぶこと、そしてその重要性を理解することがなければ、世界は混乱と恐怖の場になってしまいます。そして周りの環境や、その環境を左右する法則に対して、敵意を深めてしまうかもしれません。それを防ぐには、存在していることの意味や目的、豊かさや理解の仕方を教えるために学問教育をする以外にないのです。

自閉症を持つ人も自己刺激にとらわれていない時は、他の人たちの会話を聞くことで、さまざまな状況や自分のこと、また外的環境について理解しようと試みている場合があります。しかし周囲の会話を聞くだけでは、さまざまな事柄について完全な説明があるわけではないので、十分に学ぶことも理解することもできません。この状況では、火星や木星を知らない、村でココナッツの木に登る人と同じように、非常に限られた知識しか得られません。理解が限られているために、自閉症を持つ人たちの人生も、満たされないものになってしまうのです。

教育や経験を通して、具体的操作期の発達段階を完全に達成すると、自分以外の視点から物事を見ることができるようになります。これが具体的操作期の特徴でもあります。

具体的操作期には、3つの概念的なスキルがあります。

1. 保存スキル　2. 分類スキル　3. 組み合わせスキル

なぜ親はこうしたスキルについて知っておくべきなのでしょうか。それはこれらのスキルが、知能を測るために行う大部分の発育測定テストの基本になるからです。

1. 保存スキル

保存スキルとは、物の状態が変わったとしても、その物自体が消えてしまったり、突然現れたりするわけではないということを理解するスキルです。例えば粘土が丸いボールの形であっても、パンケーキのように平べったい円盤型であっても、同じ量の粘土だということがわかる能力です。

自閉症を持つ人の多くは決まった規則にこだわるので、この保存スキルと噛み合わない場合があります。柔軟性のない規則に従うのは、保存の概念を理解していないからのように見えます。自閉症を持つ人が生活する上でこと細かな規則を作っている場合には、保存スキルを持っていたとしても、パターンがちょっと変わっただけで精神的に激しく動揺してしまいます。

タイラーは、いつもとは違う道を通って食料品店に向かうことに、駄々をこねているように見えます。周りの人は、タイラーに保存の概念がなく、別の道を通っても食料品店に行けることを理解していないと思うかもしれません。タイラーは知覚の働きが普通とは違うために、いつもとまったく同じことを繰り返す習慣を変えられないのです。具体的には、ピンク色の家のある角を右に曲がり、次の一時停止のところですぐに左折するという習慣です。この道順からほんの少しだけ違っても、物事が無秩序になってしまったと感じて動揺してしまうのでしょう。それでもタイラーに別の道を通っても食料品店に行けるかどうかを聞けば、行けると答え、いつもとは違う2通りの行き方を説明することさえできるのです。タイラーは、単に他の道を通ることでパニックを起こしてしまうだけなのです。

行動を頭の中で事前に組み立てるのは、感覚系への対処メカニズムです。頭の中で事前にこうした計画をすることを、メンタル・マップといいます。自閉症を持つ人は、予想外のことが起こる心配をしないで済むように、事前に決めたやり方で物事を行う計画をたてています。店に行くのにいつもと違う道を通ったり、決まったスケジュールが少しでも変わると、タイラーのメンタル・マップが崩れてしまうのです。タイラーのような人は事前にわかっている通りの行動をとらないと不安になるので、同じことをいつも繰り返したがるのです。

このように頭の中で事前に準備したメンタル・マップが崩れてしまった時におきる感情的な反応を見て、自閉症を持つ人には保存スキルがないと考えてはいけません。そうではなく、いったん特定の道順で行くと決めてそれを習慣にしたあとに、その通りにできないことがあると、非常に不安になって感情的になってしまうということなのです。

去年息子のティトも、週末に決まったものを食べることが習慣になりました。「なぜ、その通りにしなければならないのか、理由を教えてちょうだい」とたずねると、息子は以下のように書いて教えてくれました。

「僕にとって一番難しいのが、物事に適応するということなんだ。それがすべての問題の原因になっていると思う。『なぜ、その日のルールを決めないと不安を感じるのか』と聞かれても、これといった決まった理由はない。でも自分でつくったルールに従うことで、決まりきって統制のとれた「時間」という道を進んでいくことができる。それで良かれ悪しかれ習慣が形づくられていくんだよ。だから感覚になじみのない状況にいる僕自身の姿を想像できない時には、パニックを起こして自分の行動をコントロールすることもできなくなってしまう。僕のストレスの原因は、他の人がしているような適応ができないことだと思う。だから土曜日は土曜日の朝ごはんを、日曜日には別の、日曜日専用の朝ごはんを食べなきゃならないんだ。そうでないと土曜日、日曜日にならないんだ」―ティト

行動療法の専門家がどう思うかわかりませんが、私にとっては理にかなった回答です。息子には引き続き、土曜日、日曜日と決まったメニューの朝食を食べさせています。息子のこのような望みなら、私がかなえてあげられる範囲です。

2. 分類スキル

分類スキルは物事の特性を見定めて、その情報を使ってグループ分けする力です。分類できるということは、単に物事を種類別に区別するだけでなく、それらの分類について知っている情報を使って、同じグループの中で特性に応じてさらに順序づけをして区分したり、特定のグループに属さないものを見分けたりできるということです(注13)。

分類スキルを使うためには、経験的知識を得ることで身につけた論理的なスキルが必要です。また分類に関して知っていることを他の人に示すためには、手を使った細かい運動スキルと、言葉で表現するためのコミュニケーションスキルも必要です。

物事を分類する能力はあっても**経験的知識**を得る機会がなく（前の例では村人は惑星に関する知識がないので、惑星だと分類できない）、そのうえ運動能力に障害があると（机の上を注視することのできないポールは、机の上に散らばった緑色の三角の図形を手に取れない）分類する能力そのものがない、と見なされてしまう場合があります。視覚、聴覚、または他の感覚が特定の物だけに注意がいくために、ある種類のものは分類できても、他のものは分類できない人もいるかもしれません。例えば部屋中のスプーンやストローを全部集めることのできる人が、本はどれかと言われた時に示すことができないことがあります。

別の例を挙げましょう。ジャックはリンゴ、バナナ、ぶどうが果物であることを知っていま

す。それでもいろいろな場面で使える運動スキルがなければ、実際にこれらの果物を他の物から取り分けることはできません。狙ったものに手を伸ばすには、手と目の緊密な連携が必要です。さらに自閉症を持つ人の中には、自分からなんらかの動作を始めるのが難しい人もいます。

さまざまな場面で分類スキルを使えない、あるいは分類スキルを動作や言葉で示すことができないからといって、分類の概念を理解する能力がないと考えるべきではありません。

3. 組み合わせスキル

組み合わせスキルは「数字は物の数を表している」と理解する能力です。数字が意味するものには三種類あります。

1) 表示に使われる数字：サッカー選手のユニフォームについている 23 番という数字や、住所に使われる 1356 番地のように、表示に使われる数字です。
2) 基数：「リンゴが 10 個」あるいは「5 回の会議」といったように、ものの数をあらわす数字です。
3) 順序数：「これを 1 番目にやって、2 番目にこちらをやる」とか、「競争で彼は 5 位だった」というように物や事象の順序を示す数字です。

具体的操作期になると、足し算、引き算、掛け算を使って数字を操れるようになります。

定型的な発達をして算数を学んだ人は、具体的操作期に組み合わせスキルを身につけます。

この組み合わせスキルは、教育を通じて習得するものです。

たとえ定型的に発達した人でも、ある程度の数字だけしか教わらなければ、潜在的に学ぶ能力や学んだことを示す力が十分にあっても、組み合わせスキルを習得できない可能性もあります。日常的なことをするスキルしか教わっていない自閉症の人が知能テストで算数の問題を前にしても、回答できないかもしれません。なぜなら、それ以前に数字や算数を教わっていないからです。

第 4 段階：形式的操作期

形式的操作期ではルールをつくって、それを使って問題を解決できるようになります。科学や哲学の土台となるような知性の芽生えです。この段階では、複数の情報源からの情報を巧みに取りまとめることができるようになります。望んでいる目標とそれを達成するための戦略づくりにもとづいて、本能的な反応は抑えて的を絞った計画をたてます。この段階では、「自己評価」

「長期的な計画」「感情、行動、行動様式の統合」のような機能を連携して実施することを促す前頭葉で新たな発達が認められます。

形式的操作期は神経線維のミエリン化（髄鞘化）が引き続き進行し、脳の異なる領域のあいだの連絡やコミュニケーションが早くなります。ミエリンとは早い情報伝達を促す神経線維の外側を覆う特別な物質です。さらに集中的なシナプスの間引きが起こり、伝達経路が選ばれます。

形式的操作期には、頭の中で「関連性のない情報は却下する」「仮定の議論が理解できる」「複雑な作業を組み立てる」「一つひとつ、順番に手順をふんで作業を完成させる」などのことができるようになります。

神経のつながりが悪い場合、作業を行うための計画をたてる段階と、その作業を実際に行うことのあいだに大幅な時間差が生じる場合があります。このような時間的な遅れのために、頭の中でメンタルマップを描き、作業計画を組み立てていたとしても、計画通りの行動が起こせないかもしれません。この段階以前の具体的操作期、前操作期、感覚運動期での発達が、やはり神経がうまくつながっていない状態で行われていた場合には、高機能の作業をする能力はなおさら制限されます。頭の中で「戸棚に行って、メモ帳をこの部屋に持ってきて、書こう」と思った場合、このような行動を立てたにもかかわらず、適切な瞬間に必要な運動経路の連携がされなければ、座ったままで体が動かないのです。

形式的操作期の主な特徴は、現実と可能性の違いがわかることです。しかし自閉症を持つ人は、神経細胞のつながりが不完全なために、現実と可能性を認識する時にギャップが生まれることも考えられます。自閉症を持つ人は、さまざまな感覚チャンネルが選択的に働いたり、過剰に機能したり、あるいは働きが悪かったりして、現実を断片的に見ているため、ある場所に何があるか、何が起こっているかということに関しても、実際とは違った形で認識するかもしれません。

- ジェーンはテーブル、ラジオ、花瓶、壁掛けカレンダーが描かれた絵を目にしても、特定のものだけに視線が行き（選択的な視覚）、絵の中のカレンダーの角とテーブルの足だけ見て、それ以外の何も見ていないかもしれません。
- 絵を見ることで過度に刺激された場合、ジェーンは見つめることに没頭するかもしれません。その場合、視覚で得られる刺激は「興奮性」のものになります。
- その絵がジェーンの視覚にうったえるものでない場合は、ジェーンの知覚は絵に対して働かず、絵の中のどの部分にも目を向けないでしょう。

上記の三例では、ジェーンは目の前にある物を、実際に存在する絵の姿として見ているとはいえません。

自閉症を持つ人は、現実にあるものを断片的にとらえることがあります。その場合、作業をするための計画を立てても、そこにあるすべての要素を考慮していないことが考えられます。すると、断片的にとらえた現実に対して普通とは違う関わり方をすることになります。自閉症の人は形式的操作期にあるべき仮定して考えるということができていても、自分がとらえた断片的な現実に対して他の人とは異なる行動を起こしてしまうと、状況に対応できていないかのように思われてしまうのです。

第6章

自閉症に対する疑問への説明

前章まで、自閉症を持つ人の非定型的な脳の発達と適応反応について考えてきました。そこから自閉症に見られる行動について、さらに多くの疑問が浮かんでくると思います。

1. なぜサムは部屋の隅だけを見つめているのでしょうか？

家の中や教室の環境が、学習や活動、そして遊びをうながすように作られているにもかかわらず、サムが部屋の隅を見つめているのは、サムの脳が非定型的な発達をしたからなのです。周りの環境にある視覚的な刺激は、サムにとっては次のどちらかです。

- 刺激が強すぎるため、サムは刺激がある場所を避けて、見ないようにしている。
- サムが見つめている部屋の隅に比べて、周りの環境は視覚的な刺激が弱すぎる。

サムの視線は、自分の感覚が周りにあるものから過度に刺激されないような、あるいは刺激不足を調整できるような場所に向けられるでしょう。

2. サムに本を持ってくるように頼んでも、なぜ持ってこないのでしょうか？

サムは実際に自分の周りにある環境のすべてを知覚しているわけではなく、断片的にしか把握していない可能性があります。したがって、自分なりの別の見方にもとづいて、行動をとることになります。頼まれた本を持ってこなかったのは、どの本のことを言われたのか理解できないのではなく、本人が感じている現実をもとに、自分なりの行動をとったためかもしれません。周りを断片的にして見ていないサムは、本を持っていくことができず、しかたなくコップを手にとるというような、はたからみると実際に頼まれたこととは無関係に思える別の行動をとっているのかもしれません。

3. 窓のブラインドの羽が違う方向を向いているだけで、なぜサムは怒るのでしょうか？

サムは物事がいつもまったく同じように起こるべきだと思っています。頭の中で事前に計画をたてたり、時間ごとに起こるべきことを想定したりして、決まりを作ります。これらはサムがより安心した気持ちでいるためのものです。いつもと同じ予測通りの環境にいたいサムは、ブラインドの羽がいつもと違う方向に向いていると不安になります。メンタル・マッピング、つまり事前に計画をすることで、多少は自分のいる環境をコントロールできるようにサムは感じるのです。そうしなければ、彼は自分のいる環境に圧倒されてしまうのです。これについては、第８章で詳しく説明しましょう。

4. サムが独自の方法で環境に適応していたら、何をしてあげるのが一番よいのでしょうか？

社会環境への適応について理解するための架け橋となるのは教育です。サムが主に物事を見て学ぶ（つまり視覚型学習者）場合、視野にあるすべての出来事や物についてその意味を説明し、見たものとその名称が結びつくようにしてあげなければなりません。目標はサムが見たものについての知識を得て、周りで起こるさまざまなことについて、より完全な理解ができるようにすることです。

主に聞くことで学ぶ（聴覚型学習者）場合は、サムの周りにある物や起こる出来事について、それがどのように見えて、周囲の環境や社会に対してどのような意味を持つのかを説明してあげることが必要です。

5. サムは小さい頃に言葉を話し始めたのに、以前に知っていた言葉もなくしてしまいました。なぜですか？

自閉症を持つ子どもの多くは、前操作期には定型発達児と同じように、いくつかの単語や言い回しを口にします。ところが成長するにつれ、周りの環境に意識をむけるべき物事が増えてくると、そのうちのどれを意識したらよいのか、どれを意識しなくてよいのかを取捨選択することができなくなります。サムは精神的に圧倒されてしまい、それに対する反応として、周りにあるいくつもの刺激から意識をそらそうとします。そして自分なりの対処方法として布切れや輪ゴムを使った自己刺激行動で気持ちを落ち着かせ、周囲の強すぎる刺激をさえぎろうとするかもしれません。

子どもにとっては、社交的な会話も環境にある負担の一つです。社交的なやりとりをするには、視覚と聴覚を使って周囲の状況を理解したということを、相手に示さなければなりません。つまり視覚からは、どこの誰、あるいは何、それがどのような大きさと形、色で、どこに位置しているのかなどさまざまな情報を把握し、その一方で、周りにはどのような音があって、それが声なのか、その声は何と言っているのかなどの情報を、聴覚を通して得るのです。定型発達児は視覚と聴覚を主に使って、周りの状況を認識します。それは社交的な会話に加わるのに必要なことです。定型的に発達したサムの妹なら、友達が部屋に入ってくるのを見て、友達の挨拶の言葉を聞き、一緒にゲームをして遊ぶために友達に歩み寄ります。しかし前操作期に別の発達の仕方をしたサムの感覚系は、断片的で圧倒されやすいのです。そのためサムの感覚系は、社交的な交流のきっかけとなる合図に気が付きません。そしてサムは社交的な言葉を使わなくなり、その状態が続き、また周囲からも期待されなくなることで、社交的な言葉が完全に消えてしまうことになります。

しかし社交的な言葉がないからといって、言語がないわけではありません。神経の接続が不十分なために、脳内の言葉をつかさどる領域から話す領域へと伝わるはずのインパルスが伝達されず、思うような言葉が口から出てこないのです。

自閉症を持つ人は神経経路がうまくつながらないために、適切なメッセージが脳から口まで到達しません。しかし一般社会からは言葉で返事をすることを要求されるので、人によっては、自動的に口をついて出る別の単語や表現をかわりに言うことがあります。例えば、サムは「皆の前で僕のことを話さないで」というかわりに「フライドポテトが欲しい」と言うかも知れません。実際にはフライドポテトが欲しいと言うつもりがなくとも、この表現は以前に何度も口にしてきた言葉で、暗記しているためにすぐに使える言葉なのです。

たとえ話す能力がなかったとしても、自分の周りにある物事をどうやって言葉で言い表すかを学び、またそれらがどういうことであるか理解できた時には、サムも言語能力を身に着けることができるのです。**言葉や情報、社交的な行動を教えるには教育が必要です。先に話ができるようになるのを待つというのは、逆効果です。声にした言葉があってもなくても、教育をすることが言語能力につながるのです。**また教育することで、その生徒は適切なタイミングで必要な言葉を選んで使うことができるようになります。

6. サムは形式的操作期という発達段階に到達することができるのでしょうか？

できます。ただし、定型発達児のように、さまざまな状況に対応することはできない部分があるかもしれません。環境の仕組みについてどのようにサムの理解を深めていくか、環境の中でどのように行動するか、サムの目標をどこに設定するか、さらにはサムの人生の目的を定めていく中で、このような目標をどのように活用していくかを考えていく必要があります。その場合も、サムの感覚神経系が別の発達をしていれば、サムの理解の仕方も断片的になるでしょう。サムにとって大切なことは、自分なりの目標を達成するために社会的資源（人からの支援、技術を活用した支援）を受け入れつつ、自分が得意とすることを伸ばすことです。

7. サムはフライドポテトを持っている人を見ると、衝動的にその人のフライドポテトをつかんでしまいます。このような行動を抑えられるようになりますか？

社交的な行動や周りの環境について教育することで、サムは自分の行動パターンを分析し、衝動的な行動をとってしまう原因に気がつくようになります。それでも自分の行動をコントロールできないことがあるのは、自分の意思とは関係なく以下に述べるような反応が起きるからです。

- 知覚刺激（ここでは、フライドポテトを見ること）は、まず**視床**に伝わります。
- **視床**で、この刺激が脳内で使われる言語に変換されます。
- メッセージが**大脳皮質の視覚野**に伝わり、分析され、どのような反応をするかが決定されます。
- 反応が感情的なものである場合は、そのメッセージが**扁桃体**に伝わって情動反応を活発にします。
- しかし、大脳皮質でメッセージを分析してどう反応するかを判断するより速く、一部のメッセージは視床から直接、**扁桃体**（感情的な衝動の中枢でもあります）に送られてしまいます。

このように即座に伝達されるメッセージのために、サムは他の人の食べ物に手をのばすことが社会的に許されることかどうかを判断して衝動を抑える前に、フライドポテトに反応してしまうのです。

8. サムは計算ができるのに、正しい金額分のお金を私に手渡すことができません。なぜでしょうか？

数字の計算は脳の皮質で行われる能力で、自閉症を持つ人にとって比較的やさしい傾向にあります。計算を習えば、サムはお金の勘定もできるようになるでしょう。サムの論理的思考の中には、数字や基数、順序数に関する知識も含まれているかも知れません。ところが目で見てお金を選択し（視覚と、硬貨や紙幣を選ぶための思考を同時に働かせる）、狙いを定めて手を動かし、正しい紙幣や硬貨を渡す（視覚と手の動きを同時に働かせ、視界にある余計なものに気を取られないようにする）ことは、計算とは違うスキルなのです。このようなスキルがない場合、サムが実生活で支払いをする際には、現金を扱う代わりにクレジット・カードを使うほうが簡単かもしれません。もちろん、その場合には買い物をしすぎないよう賢明な判断をする必要があります。

9. サムは自分一人でタイプするスキルを身につけたのですが、私がそばにいる必要があります。いずれは私が同じ部屋にいなくとも、タイプできるようになるでしょうか？

高次レベルの精神的な機能は、文字を綴るために指差しをする、手で文字を書く、タイプをするといった外的な活動から始まる場合もあります。これは徐々に再構築され、内部に取り込まれます。発達心理学を研究したロシアの心理学者レフ・ヴィゴツキーは、指差しの例をあげました。赤ちゃんは欲しいものに手が届かない時、その方向に手を伸ばします。世話をしている人には、このような赤ちゃんの身振りの意味がわかり、その人と赤ちゃんのあいだにおきる相互的な精神作用（インターメンタル）が、赤ちゃん自身の中でおきる精神的な変化（イントラメンタル）をもたらします。この内部化をさらに掘り下げ、ヴィゴツキーは**発達の最近接領域**という考え方を提唱しました(注14)。

発達の最近接領域とは？

学習者が援助なしにひとりでできることと、手助けがあればできることのあいだにある領域のことです。ロシアの心理学者レフ・ヴィゴツキーが、発達の特性や学習と発達との関連を研究して考えた概念です。彼によれば、子どもは大人がすることを真似し、少しずつ手助けなしで物事ができるようになります。発達の最近接領域は、子どもの実際の発達水準と、発達可能水準とのあいだの距離です。実際の発達水準は、子どもが自分ひとりで問題を解決できるレベルです。これに対して発達可能水準とは、大人が手伝ってあげれば問題を解決できるレベルです。発達の最近接領域という考えによれば、子どもの発達は、人との関わりと協力を得て問題解決をすることで決まります。学習は発達とは区別して考えられるものですが、学習することで発達につながる可能性もあります。

> 私は、初めて自転車に乗るのを教わった時のことを思い出します。最初は父が私の横を走りながら自転車を持って、バランスを保ってくれました。その後、気づかないうちに父は手を離したのですが、私はそのまま自転車をこぎ続けました。ところが父がもう手助けしてくれていないと気がついたとたん、不安になりバランスを崩して倒れてしまったのです。

ヴィゴツキーは、人の助けを借りて何かができるということは、その人はいずれ一人でもそれができるようになる過程にあると考えました。発達の最近接領域の中で学ぶことにより、発達能力の再構築と内部化がすすみ、やがては自分の内部に統合していくのです。

サムが発達の最近接領域から出て、完全に一人でタイプすることができるようになるかどうかはわかりません。それは感覚運動期と前操作期という発達における最初の２段階で、部分的にあるいはまったく違った発達をしたためです。頭を使わせることや教育によって発達の第３段階、第４段階にあたる具体的操作期、形式的操作期に達することはできますが、中には発達の最近接領域をこえて、自信を持って完全に一人でできるところまでいかないスキルもあるかもしれません。ある状況下でできるようになったスキルでも、別の状況では同じことができない場合があります。サムの場合は協力者である母親がそばにいる必要があり、母親がいなかったり、母親ではない他の人がその場にいたりしてもタイプができないのです。

他の人の協力がなければ作業ができないからといって、そのことをより大きな目標達成に向かう努力の妨げにしてはいけません。

10. サムは家や学校で勉強する時に上手にタイプをします。それなのに、叔父さんにタイプが上手にできるところを見せてあげるように言うと、まったくタイプすることができません。なぜでしょうか？

スキルがいろいろな場面で使えるようになるには、周りの環境情報を適切に符号化する必要があります。環境にはそこにいつもと違う人がいるかどうかも含まれます。異なる感覚を持つサムは、いつもと違う新たな環境のすべての情報を、うまく符号化できません。この符号化については、第８章で詳しく説明しましょう。

私は定型的に発達しましたが、私だって夫の家族を招き、10人の義理の家族が見ている状況で料理をして、最悪の結果になった経験があります。だからといって、私は料理が下手だということにはなりません！　見ている人がいない方が、うまくできることもあるのです。状況によって、できたりできなかったりしても、それを失敗や恥だと思わないでください。

目的は自閉症を持つ人に「実演」させることではなく、社会の一員として貢献できるよう、家で働くにせよ外で働くにせよ、その人が適切な人生の目標に向かっていくのを支援することです。

11. 靴紐さえ結べないサムに、なぜ学問を教えるのでしょうか？

その答えは第７章にあります。

第7章

無秩序な発達を統合する鍵は教育である

人は年齢に応じた身体機能、認知能力を持ち、社会的にも情操的にも年齢に見合った発達をして、年齢相応の自己概念を持っていること、また周囲に対して年齢にふさわしい振る舞いをすることを期待されます。食料品店での3歳児の振る舞いと、13歳、30歳の人のそれとは違うと私たちは考えるのです。

教育と発達理論の研究者であるロバート・ハヴィガーストは、「人間の発達は、自分たちが適応しようとする社会が求める作業を学ぶプロセス」(注15) だと考えました。この原則は、「すべての感覚が相互に働きかける」という理想的な状況において当てはまります。例えば人がテーブルを見た時に、それがテーブルであるための本質を、すべての感覚で適切にとらえて理解できるということです。

ところが感覚系が一部しかつながっていない、あるいはまったく統合されていない人だと、聴覚から「テーブル」という言葉が入ってきても、その人が夢中で叩いている物の表面を、テーブルと結びつけることができない場合があります。自閉症を持つ多くの人にみられるように、感覚系に不具合がある場合には年齢に合った発達が見られないかもしれません。「テーブル」の感覚は、触った感じや叩いた時の音のように、単独の感覚を通してのみ理解されることもあります。そこで問題となるのは、どのようにしたら感覚系がうまく働かない人に、テーブルがテーブルであるという総合的な認識を持ってもらえるかです。

その答えが教育なのです。なぜここで教育が必要になってくるのでしょうか。定型発達者の場合、物事の概念を自然に学ぶ事もあります。しかし感覚がばらばらに働く人にとって、概念とはつかみどころのないものです。その概念を教えるのに一番よい方法は、教育なのです。「テーブル」という概念を完全に理解することなしには、テーブルを前にした時に他の人がするように行動することができないかもしれません。

例えばチョコレートの包み紙は簡単に開けるのに、自分の靴紐をほどく動作ができない生徒たちがいます。ある状況では何の問題行動もない状態でいられるのに、人が多く集まる場では圧倒されてしまい、どうしたのかと心配しながら親が家に連れて帰らざるを得ないような状態になる子どももいます。

例えば一般の生徒と一緒に受ける授業で、ブライアンは有袋類の動物のことしか話しません。

彼は有袋類の動物のことで頭がいっぱいで、算数のテストを受けるのも拒絶します。有袋類の動物のような強く興味をひかれよく覚えていることについては学べますが、算数のようにそれ以外の分野を学ぶことはできず、知らないままになってしまいます。

ここでも「ある事柄を学ぶことができるなら、なぜ他のことが学習できないのでしょうか」、あるいは「ある状況では適切な振る舞いができるのに、なぜそれを他の状況でも同じように再現できないのでしょうか」という疑問が起こります。答えは同じです。発達の仕組みに障害があるために、あることを一般化して、他の状況でも同じように展開する能力が妨げられているのです。

社会の一員となるためには、一般的に期待されるような発達をすべきだという社会的圧力があります。ブライアンは算数の試験で、有袋類の動物について答えました。彼は試験の期待に応えることができなかったため、一般の生徒と同じ授業には参加できなくなりました。

心理学の発達理論によれば、神経感覚系が定型発達している場合には11の発達段階が秩序だって順番にあらわれます。これらの定型の発達経路については、多くの心理学の本が説明しているので、ここでは触れません。次章では、自閉症を持った人の定型発達とは異なる「メンタルマッピング」が、その人の行動と環境への適応にどう影響するかを見てみましょう。

第8章

自閉症のメンタルマップと行動

誰もが頭の中でメンタルマップをつくります。これは個人の視点から見たその人の世界です。メンタルマップはそれぞれの人の脳の機能と、神経経路をもとに描かれます。人が予測できる、できないにかかわらず、さまざまな状況でどのように行動するかは、その人のメンタルマップに左右されます。メンタルマップをつくる過程で、多くの人はいろいろな違った可能性を予測し、適応しながら環境の変化を符号化します。メンタルマップは、その人の行動をコントロールするものです。

メンタルマップをつくり、それに基づいて人がどのように行動するかについて、以下の六つの要因が影響しています(注16)。

1. 符号化

人は外から入ってくる刺激を解釈する時の基本的なプロセスとして、符号化することにより、自分がいる空間と状況について知ります。私たちは、光や音のような、どちらかというと客観的な感覚入力を、何段階かの複雑なプロセスを通じて、主観的に意味のある見方に変換していきます。

例えば、部屋は壁に囲まれていていろいろな物があり、他の人や動物がいるかもしれません。そして、それぞれが違った動きをし、声を出していることもあるでしょう。また部屋の中には、音や匂い、明るさなどの要素があります。このような、誰もが当たり前のこととして受け入れているさまざまな環境要素を、一般の人が符号化する場合は、環境をまるごと一つのものとして受け止めます。そしてその部屋の中で、個人個人が自分にとって最も重要な要素や人、活動を選び、そこに意識を向けるのです。しかし、一つか二つの限られた感覚系しか働かない人が符号化すると、環境は完全な形として受け入れられず、ある要素に過剰な関心が集中したり、逆に見過ごされたりします。

例えばある部屋に自閉症を持つ人が４人と、それ以外の人たちが一緒にいるとします。

メリーは**視覚型**（物を見ることが好き）で、聴覚は選択的です（ある種の聴覚刺激には注意を払いますが、別の聴覚刺激は無視します）。メリーは部屋の細部を見て、会話のほんの一部だけを聞き、その場の話題や全体的な会話の流れは聞き逃すでしょう。

ジェーンは**視覚、運動感覚型**（常に動いているのが好きで、じっとしていられない様子）です。ジェーンは体を揺り動かしたり、歩き回ったり、扇風機の羽の動きを見つめたりします。部屋の中で、何か動きのあるものを見つめたり、本のページをめくって、動きをつくろうとしたりするかもしれません。

ゼインは**聴覚型**（声や音楽など、あらゆる音が好き）と**大域的な視覚型**（離れた場所から周りの環境を見渡すことができるが、本に焦点をあてて見ることがない）の混合です。ゼインは環境を見渡しても細部は見ずに、周りの会話にひきこまれるでしょう。

パットは**嗅覚**（本や人の匂いを嗅ぐ）と**触覚**（床や壁、服を触るのが好き）の感覚系を組み合わせて使います。パットは部屋で見えるものは無視し、壁やテーブル、絨毯を手でなでるのに熱中するでしょう。その一方で、部屋で会話が交わされていることには、気がつくこともないでしょう。

周りの環境を符号化するには、視覚、聴覚、触覚、運動感覚のすべて四つの学習チャンネルが同時に、同調しながら機能する必要があります。

視覚型

視覚という一つのチャンネルに頼っている場合、その人は周りの環境にある視覚的な要素のみを符号化しています。その場合は、以下の三つのうちいずれかの方法を通して符号化が行われます。

- **大域的**－全体を見ているけれど、細部は見ていない。
- **選択的**－全体の中から一つだけ選んで見ている。
- **一般的**－全体の一部として細部をとらえ、見たい部分に焦点を合わせられる。

視覚型の人は、部屋の中で交わされている会話など、周りから聞こえる音は無視するかもしれません。その一方で、色や光、壁の隅、じゅうたんの柄のようなものに強く注意をひかれます。しかし、その場でさまざまな感覚を総合的に経験するために必要な、他の側面には意識がいかないのです。選択的な視覚型で嗅覚刺激にも敏感な人の場合は、お気に入りの本を手に取り匂いをかぎますが、それ以外には注意を向けないこともあります。このように、その人の視覚がとらえる環境の一部だけを見つめて、匂いをかぐ傾向があるでしょう。

聴覚型

主に聴覚という一つのチャンネルに頼っている場合、話し声や、背景に流れている音楽、窓の外の芝刈り機の音など、その場にある音に注意を集中します。聴覚から入ってくる物事に没頭するあまり、誰が誰に対して笑顔を向けているか、椅子は何色か、部屋の隅には何があるか、というような視覚的なことには注意を払わないこともあります。 聴覚型の人は、以下のように区分される聴覚刺激を求めます。

- **大域的**－話し声や扇風機の音、足で床を叩いた時の音などを区別せずに、すべての音を聞いている。
- **選択的**－足で床を叩く音や、自分のハミングといった特定の音だけに注意を向けて聴く。
- **一般的**－典型的な聴覚。雑音を除いて、聴きたい音や指示など必要な音を集中して聴く。

一般的な聴覚は、大域的な聴覚とは違います。大域的な聴覚では、聞く必要のない雑音も遮断せず、すべて聞いてしまうのです。

単一のチャンネルで符号化が行われると、周りの環境を部分的、または選択的にしか知覚しないために、その人と周囲とのかかわり方に影響します。

2. 予測

「サラ、プレゼントを先生に渡す練習をしましょうね」と、お母さんは言いました。サラは、家でお母さんとプレゼントを渡す動きを練習します。しかし家は、サラが本番でその動作をする場所とは違います。プレゼントを先生に渡すということを、サラはよく理解しています。「誰にプレゼントを渡すの？」と聞かれるたびに、彼女は「先生に渡すの」と答えます。それなのに、いざその時になるとサラはどうしたら良いかわからない様子をみせて、ふたたび誘導の指示を受け、やっと先生にプレゼントを手渡すことができるのです。

サラはなぜ、練習した通りにできなかったのでしょうか。家では実際に手渡しができたのですから、運動機能の問題ではありませんし、何をすべきなのかわからないという認知の問題でもありません。環境を符号化し、予測したことと照らし合わせて、実際に作業をするというプロセスがうまくいかなかったのです。

一旦、符号化する段階を終えると、次は予測の段階に移ります。不完全な、あるいは断片的な符号化は、その次にくる予測の段階にも影響を及ぼします。予測とは、あることをする能力があるかどうか、自分でみきわめることです。予測は学んだことをもとに行われ、それが同じような状況下で時間をかけて一般化していきます。単一の感覚チャンネルを通して体感しているために、部分的、あるいは不完全な符号化をしてしまう人は、セラピーやレッスンのような最適な環境で学習しても、他の環境では同じようにできないことがあります。

サラは、言われたことを練習した環境とは違う環境でできなかったことで、がっかりしたことでしょう。その結果自信を失い、今後も自分は言われた作業をやり遂げられないと思い込んでしまうかもしれません。そしてそのように思い込むことで、実際に物事がうまくいかないという悪循環におちいることもあります。

3. 感情

「こんにちは、サラ！」
「サラ、こんにちは、と言いなさい！」
「サラ！　聞いているの？　こんにちは、と言いなさい！」
このように言われても、サラは別の方向に目をやり、腕を振り回そうとします。

メンタルマップには、その場にかかわる気持ちや感情（恐れや怒り、覚醒、興奮、嫉妬など）が含まれます。頭の中で符号化して予測を立てた後でも、このような感情がその人の行動に影響を与えることがあります。例えばパーティーで、昔別れた恋人に突然出会った人は、現在の状況には関わりのない思わぬ感情に揺り動かされて、予期していなかった行動をとるかもしれません。

不完全な符号化や自信の無さ、うまく繋がらない感覚といった要因を持つ人にとって、社会的な交流は特に難しいものです。「こんにちは」という挨拶はお互いに交わすべきものですが、自閉症を持つ人はそうするのが社会通念だと理解しても、挨拶された時の感情が影響して驚いたり、尻込みしたり、極端な行動に出るなど、別の反応を示す場合があります。一般的に自閉症を持つ人の感情は「極度に増幅されている」といえます。またその一方で、内面にある感情がほとんど外に表れない人もいます。そしてそのような人の感情が表現された場合は、それらの感情はコントロールが難しくなります。

4. 目標と価値

メンタルマップは、環境の中でその人が持つ目標や価値にも左右されます。

タイラーは、パーティーで子どもや大人たちが自分の周りを動き回るので、そのたびに目を奪われて落ち着かず、途方にくれていました。その場にはさまざまな色や音があり、あまりにも沢山の視覚的、聴覚的刺激がタイラーの目と耳に一度に飛び込んできました。彼は自分なりの行動目標を立てることができなかったので、くるくると体を回転させはじめました。

タイラーは慣れない場所で圧倒されて混乱し、どのように振舞うべきかという方向性が持てずに、自分の居場所を見つけることができませんでした。これがどういう場なのか、何が起きるのか、周囲の人たちは自分がどうすることを期待しているのか、などの状況についてもっと情報が必要でした。パーティーでの自分なりの目標を立て、そこから得る価値を考えるのに必要な、具体的な情報を事前に与えられていなかったのです。定型発達の子どもなら、普段とは違う刺激の強い環境でもその場の役割を判断し、場にふさわしい態度や社会行動をとることができるでしょう。タイラーはそのような適応が難しいだけでなく、パーティーでの役割について不完全な理解しかなかったため途方にくれてしまったのです。

5. 能力を統合させる力

非定型発達をする人は、あることをする能力が他のことをする能力と統合されなかったり、別の環境におかれるとできなくなったりします。野鳥の複雑な鳴き声を真似ることができても、話し言葉の音を真似できないこともありますし、ビンの蓋を開けることが得意でも、シャツのボタンをかけられないこともあるのです。このような人たちには、特定のことだけができたり特定の環境でのみ発揮したりする能力やスキルがあります。彼らにとって、それらの能力を統合して汎用的に使うことは非常に難しいのです。

親御さんたちは私に「私の息子はクリニックと自宅でならとてもよくできるのに、学校では固まってしまい、同じようなことができません」「私たちが家やクリニックで得られるような結果を、学校の先生は引き出すことができません」と言います。

また、私が実践し勧めている教授法を学ぼうとした人が、自宅ですぐにできるようになるわけでもありません。練習を重ね、子どもとの信頼関係ができて初めて、私がしていることを自宅でも再現することができるのです。

自閉症を持つ人が違った形で能力を伸ばしていくためには、決まった場所で、同じ人の声で行動を促されながら学び、練習をするのが一番です。別の大人や教師、新たな場所に変わった場合、能力をその環境でも発揮できるようにするための調整や統合のための時間が必要になります。

リタは母親から文字盤を使った綴り方を学びましたが、学校では同じようにできないので、教師は不思議に思っています。リタにとっては教師がその場にいること、そして母親がその場にいないという、完全に違った環境におかれたことが原因です。ある環境（母親がいる）で学んだスキルを、他の場面（母親がいない）では同じように実行することができませんでした。

このようなことに直面した教師は、スキルの一般化や統合が自閉症を持つ人には困難であるということを理解しなければなりません。生徒が慣れ親しんだ理想的な環境では発揮できる能力が既にあっても、新しい教師が教える場合は、教師がRPMを学び、練習し、教え方を上達させる必要があります。**生徒に能力を証明させようとしたり、一度や二度試したりするだけでは不十分です。生徒が能力を発揮できるようにするには、教師自身が生徒と毎日練習してスキルを身につける必要があります。**

スキルの統合には、スキルと知識を組み合わせて使うことも含まれます。非定型の感覚と学習能力を持つ人は、学問的なことを学んでも、その知識を状況に応じて適用できない場合があります。

ジョンは扇風機に触ってはいけないと知っていますが、触らずにはいられません。なぜ回っている扇風機に触れてはいけないのかとジョンに尋ねれば、回転する羽に触ることの危険について正確な答えを書くか、タイプして返事をするでしょう。それなのに現実の状況を適切に符号化できないことで間違った予測をし、統合がうまくいかないことで、衝動的に回転している羽に触ってしまうのです。

ティトはこう言います。「自分で読んでいる時は、ただ読んでいるだけ。お母さんが読み聞かせてくれると、自分は読むことと理解することができる」

彼は私をおだてているのではなく、統合ができないという自分の問題を率直に表現しているのです。私が料理をしている時に、彼は声を出して読み、私は発音を直します。私は息子が抱える問題を知っているので、彼が声を出して読んだ後に、同じ文章を私がもう一度読み聞かせ、内容を話し合います。

私は同じような問題を持つ自閉症の人をたくさん見てきました。このような問題のために彼らの能力を疑ったり、恥ずかしく思ったりするべきではありません。

ジョーダンの職場では、指示書を読んで、その通りにすることが求められます。

これは適切な符号化、予測、知識とスキルの統合ができる人にとっては簡単なことに思えます。しかし口頭での指示に従うほうが楽なジョーダンにとっては、これは非常に難しいことなのです。この場合、ジョーダンはどのようにしたら仕事ができるでしょうか。彼は知識とスキルを統合するのが難しいということを周囲の人たちが理解し、まずは口頭による指示で作業ができるように練習をさせます。一旦、ジョーダンがそのスキルを実行できるようになったら、少しずつ口頭による指示を減らしていきます。

ジョーダンは読むことができないのではありません。読むことはできても統合できないという問題があるために、メンタルマップを描いて指示通りに作業をすることができないのです。

6. 自己調節プラン

メンタルマップには、その人が行為を実行に移すための計画も入ります。そこには計画を立てる見通しや推進力、周りの環境が行動に与える影響についての理解、計画通りに実行できるように衝動や誘惑を抑え、感情をコントロールすることも含まれます。

感覚の働きが限られていると、その環境からすぐに満足感が得られる特定の要素だけに集中してしまうことがあります。

ホテルのロビーで、私はある生徒の母親と話をしていました。その女性は、振り向いた時に自分の娘が誰かの飲み残しのオレンジジュースを手に取っているのに気づきました。驚いた母親が駆けつけて止める前に、娘さんはそれを飲んでしまいました。

1ヶ月後に再びこの親子と会った時、ご両親から他人の飲み残しを飲むことを止められない娘に、病原菌の危険性を教えてほしいと頼まれました。娘さんは、誰かの食べ残したものを他にも沢山口にしたようです。私は依頼通りに教えました。

私が教えた後に、娘さんはG-E-R-M-S（病原菌）とD-I-S-E-A-S-E（病気）という言葉の綴り方も含め、学んだ事柄をすべて答えることができました。私が「なぜ病原菌についてレッスンしたか、その理由がわかる？」と聞くと、彼女は**「私が他の人のコップから飲まないようにするため」**と真剣に答えました。このようにして新しい知識を得ても、彼女のすべての感覚が飲みものにいってしまう時、その衝動を抑えることは難しいことでした。

〈それほど強い衝動に、教育がどう役立つのか〉

視床からくる衝動の神経経路を、教育によって止めることはできません。上記の例では、娘さんの目に映るジュースを視床が脳の言葉に移し変え、以下の二つの方向でメッセージを伝達します。

- 遅い伝達経路で視床から視覚野へ伝わり分析、評価される。
- 速い伝達経路で視床から扁桃体の衝動中枢へ伝わる。

このために、視覚野がメッセージの分析や評価を完了する前に、衝動にかられてジュースを飲んでしまうのです。そうであっても、教育をすることで、衝動的な行動をとりそうになるたびに論理的に考えるという練習をし、そのような行動を食い止める訓練ができます。子どもが衝動にかられる度に、親は「それを飲むのは**良い**こと？　**悪い**こと？」それなら「飲むのを**止めるようにする？　止めない？**」というような選択肢で注意することができます。速い衝動的な経路を一旦遅らせることができれば、論理で考える遅い伝達経路がそれにとってかわり、衝動は止まります。

これまで述べてきたさまざまな理論を念頭に、次の章からは実際にラピッド・プロンプティング法について学びましょう。

第Ⅱ部

Soma® ラピッド・プロンプティング法の実践

第9章

Soma® ラピッド・プロンプティング法（Soma®RPM）とは？

課題へのアプローチ：過去を振り返り未来に目を向ける

誰にもその人だけが持っている、独特で印象深い記憶というものがあります。

「息子は2歳の時に話すことができました。それなのに、少しずつ後退してしまったのです。今も話をする息子が映ったビデオを持っています」。

「娘は生まれた時からいろいろな問題があり、私たちは何かがおかしいと感じていました……」。

自閉症がいつか奇跡的に治る、あるいは夢の治療法ができる日に望みをかけて、ただ待ち続けるわけにはいきません。今、何かをすべきなのです。視覚障害、あるいは聴覚障害を持つ人々を支える人たちは、彼らを**教育し、より良くより完全な**人生を送れるように全力を注ぎます。同様に自閉症にかかわる人々も、すぐにでも現実的な解決法を見つけるべきなのです。

私の提案する教育法を信じて、子どもを預けてくれる家族がいることを非常に光栄に思います。異なるタイプの多くの生徒に教えた経験のおかげで、私はこの教育法を改良し続けることができました。この方たちは、私の教育法の効果が科学的に実証されるまで待つこともできたでしょう。卵が先か、鶏が先かという議論は常にあります。しかしこの家族は、自分の子どもに今すぐ教育をはじめることの重要性を理解したのです。確実に言えるのは、科学的な研究結果がでるまで、誰にも子どもの成長を止めることはできないということです。学習と教育に関して言うなら、明日まで先延ばしにすることは、その人の人生を無駄にするということなのです。

私は、「知性を無駄にしてはいけない」と書かれた看板を見たことがあります。

誰もがこの考えには同意すると思います。前章までに述べてきたように、違った形の知性を持つ自閉症の人たちに見られる、さまざまな困難を考慮した教育法を私は提案しています。これによって知性を無駄にさせないよう取り組めるのです。私はそれをSoma®・ラピッド・プロンプティング法（Soma®RPM）と呼んでいます。

〈なぜ Soma®RPM と呼ばれているのですか？〉

どのような名称にしても良かったのですが、ビデオ撮影者のジーノ・カンパーノが言った言葉が私の頭に残りました。ジーノは私の活動を撮影し、そして私が運転できなかったので運転手役を勤めてくれていました。ある時彼女は「この教育法をなんと呼んでいるのですか？」と尋ねました。私はそれまで、名前を考えたことがありませんでした。当時、私の教育法を誰よりもよく観察していたジーノは「速いペースで教える方法ですね」と言いました。そして「ラピッド・プロンプト法と呼んだら？」と言い、私は「そうね」と答えました。それから、Soma®・ラピッド・プロンプト法と呼ばれるようになったのです。

RPMの前に私の名前をつけて、Soma®RPMとしました。これはまだ私がRPMを試行錯誤していた時代に、私の活動を見ていた他の療法士らが自分たちの教え方もRPMと呼んでいるからです。しかしそれらの方法は実際には私の方法とは大きく違います。自分の名を入れたのは、区別するためだけの目的です。

Soma® RPMはそれぞれの生徒が使うことのできる学習チャンネルにあわせた教育法です。学習者はRPMで学ぶことによって、自分の思いを表現し、理解し、学び、論理的思考をするための、最も成功しやすい手段を身につけるのです。

この学習プロセスでは、学問を教えることで、受容性言語と表出性言語、注意力、記憶、言葉や情報を記憶の中から取り出す能力、そして運動能力を養います。

RPMでは以下を使って生徒に教えます。

- 感覚を使う**経験的**、論理的思考を使う**合理的**な指導アプローチです。
- 選択、綴り、筆記、口頭によるコミュニケーションを練習します。
- より深い理解と情報応用のために、生徒の感覚（使える学習チャンネル）を利用します。

「最も成功しやすい手段」とは、批判や懐疑の目にさらされながらも、自分の経験に基づいて自分で開発したもの、に対する私自身の考え方です。私が「最も成功しやすい手段」と言うと、疑問を持つ人がいるでしょう。私は他の療法を支持する人たちを侮辱するつもりも、RPMだけが自閉症を持つ人を助ける唯一の方法だと言うつもりもありません。ただ長い目で見ると、いくつかのアプローチは他のアプローチよりも有効で、より効率的、意欲的な取り組みで成功しているのです。最も成功しそうな道を進むことで、明日が今日より少し良くなります。

「自分の思いを表現する」というのはどういう意味でしょうか？　「思い」とは、何を指すのですか？

これまで述べてきたとおり、自閉症を持つ人は感覚の統合に問題があるために、精神的に違った発達をしています。結果として、社会的な交わりがうまくいかなかったり、適切な思考や、学習や理解、論理的思考を統合させたりすることができないかのように見えるかもしれません。自分の考えを通常行われるような方法で表現できないと、頭の中で何も考えていないと思われてしまうのです。

自閉症を持つ人はRPMを通して、科学、数学、文学、社会科学などすべての分野の勉強をすることで、断片的に経験している世界をより完全に理解する能力を高めます。

例えば、ある人が扇風機を使った時に扇風機について学んだ情報を思い出し、適切に符号化して論理を組み立てることで、正しい予測をすることができます。電気と動く部品の危険をあわせて理解し、衝動的に扇風機に手を出すかわりに、論理的に扇風機には近づかない、と判断するようになるのです。

あるいは、動物の習性について習った経験から、犬がどうするか、そして犬は人間に何を期待するかを符号化できます。そうすれば自閉症を持つ人でも、ある種の環境への恐れや不安を感じないですむかも知れません。さらに、自閉症を持つ人に歴史や時事について教えることで、他の人の会話やテレビ・ラジオの放送を見聞きした時の理解が深まるようになります。世の中について、より深く知ることで、よりバランスのとれた興味深い人に成長することができ、世界も興味深い場所になります。また、物事についての理解を深めることで、能力が低いとみなされることや誤解によるフラストレーションが減ることから、興奮性の行動も減ります。

生涯にわたる教育を

教育は生涯にわたって続けるもので、たとえ97歳の人でも学ぶことができます。RPMも、生涯にわたって継続できるものです。何歳から始めるか、何歳で終えるかという年齢制限はありません。どのような科目でも、いくらでも学ぶことはあります。自閉症を扱う他の療法とは違いRPMは何歳からでも始められ、年齢に関係なく続けていくことができます。

RPMでは、指導者の支援を受けて生徒は学科を学びます。なぜでしょうか？　第5章で、感覚運動期と前操作期が認知機能の発達に関連していることを説明しました。自閉症では、これらの段階は定型発達の人と違った発達をします。そのために、自閉症を持つ人の学習プロセスにはギャップが残ってしまいます。

教育は、自閉症を持つ人が認知発達の違いを克服するのに役立つだけでなく、それを上回る利益をもたらします。教育は本来、すべての人にとって価値のあるものです。数学や文学、科学、歴史、哲学をはじめ、さまざまな学問を学ぶことで、誰もが理解を深め人間性を高めることができます。障害のために困難があるからといって、なぜ障害を持つ人が教育という素晴らしい贈り物を受ける機会を奪われなければならないのでしょうか？　自閉症を持つ人が教育を受けて「何をするか」は問題ではありません。学位を必要とするようなキャリアを持って独立することは、ないかもしれませんがありえないとも言い切れません。いずれにしても重要なのは、学習という基礎を持つことで、自閉症を持つ人が「どのような人になれるのか」なのです。

指導者から教育を受けるようになれば、生徒は授業から学んだことを示すために、表現する必要がでてきます。教育の場では「テストを受ける、口頭で質問に答える、あるいは紙に回答を書く」という方法で生徒の学習状況を確認できるまでは、授業を理解したとは見なしません。しかし彼らは自分だけで、このように表現するのが非常に難しいのです。なぜなら、一般に行われる確認テストの場で感覚を統合し、なおかつ答えるのに必要な情報をまとめる、ということが困難だからです。このようなことが困難であるために、自閉症の人はコミュニケーションをとることが難しいわけです。

テストは落第点、紙には意味のわからない走り書き、口頭で質問をしてもポイントがずれているか反応がない、ということになると多くの人は、自閉症を持つ人が年齢に適した、あるいはさらに上の水準の学問を学ぶ能力がない、と見なしてしまいます。そして、一般的に行われているのと同じ方法で、その人がコミュニケーションできるレベルに教育内容も下げられてしまいます。

RPMの方法を使えば、指導者は学問を教えることと、生徒が学んだことを表現するために必要なスキルの指導とを組み合わせることができます。ただしそれは、RPMの指導者が自閉症を持つ生徒に、筋の通った完全な話し方を教えたり、標準的なマークシートのテストで選んだ回答欄を塗りつぶす方法を教えたりすることではありません。このようなスキルは、後になってできるようになるか、あるいは完全にできるようにはならないかもしれません。

RPMではむしろ、一人ひとりの生徒の感覚や認知発達にあわせた表現方法を教えます。

RPMによる学習は、学習者の自己刺激行動のスピードにあわせて、指導者がタイミングをとりながら行います。これについては、本書の後半の指導方法の部分で詳細に説明してあります。

RPM では、生徒が学んだことを表現できるようになるための実用的な認知スキルと運動スキルを、段階を追って教えます。これらのスキルは少しずつ身に付くものです。まず生徒は、紙に書かれた二つの選択肢から回答を選ぶことからはじめ、その後に三つかそれ以上の選択肢から選ぶように発展させます。生徒がこのスキルを習得するにつれ、指差しや文字盤で文字を綴るための力がついてきます。これも段階的な発達であり、最初は一つの単語を指でさして答え、それがいくつかの単語になり、それから文章を綴り、さらに発展するという具合です。

RPMは、一つのスキルをマスターしたらそれで終わりではありません。指差しや文字を綴ることができるようになったら、次は自分の答えを手書きできるようになること、さらに発語がある生徒であれは口頭で言えるようになることが目標となります。私は幅広い年齢層で、能力レベルもさまざまな自閉症の生徒達を教える機会を与えられました。それぞれの生徒が抱える困難によって個人差はありますが、RPMはすべての生徒達にとって有効でした。

RPM ではそれぞれの生徒のニーズにあわせた形で指導します。次の章では、学習者が使える主な学習チャンネルを見定めることで、学習者のタイプを特定することについて説明します。

第10章

学習チャンネル

生徒の学習チャンネルについて

大抵の人は、主なチャンネルである視覚と聴覚を使って学習します。中には視覚に頼りがちな人もいれば、聴覚を中心に使う人もいるでしょう。定型発達児を教える人たちは、黒板に要点を書きだすのと同時に口頭で内容を説明する、というように視覚学習者、聴覚学習者という生徒の傾向を意識し、習慣的に両タイプの生徒に合わせた授業をしているものです。視覚に頼りがちな人は、場所を探すのに地図を使います。聴覚に頼る人は、どこで左折したり右折したりするのか、道順を聞くことを好みます。そして細部にわたる複雑な地図を見て混乱しないよう、耳で聞いた道順を紙にメモして使うでしょう。自閉症を持つ人にRPMを使って教える時にも、同様にその生徒の主要な学習チャンネルを見極める必要があります。それが教える時のチャンネルになるからです。

定型発達者の例をあげましょう。勉強をするにはテーブルや机の椅子に座るのが最適だという人がいる一方、寝転んで楽な格好で勉強や読書をする人もいます。学んだ言葉を声に出して言い、聴覚で覚える人も入れば、何ページもメモを取る人もいます。これは言葉の運動感覚的な感じを得るためです。私は学生時代も今も、ノートを取りながら学びます。書かずに新しい情報を完全に吸収することはできません。

自閉症スペクトラムの診断を受けた人たちの場合、さらに大きな個人差が見られます。彼らは、自分のメンタルマップ構成に過度に没頭していることが頻繁にあります。その瞬間ごとのメンタルマップを構成しているか、メンタルマップ構成という消耗する作業のストレスから逃れる方法を探しているかです。あまりに没頭していて、とても学習できる状態ではないように見えるかもしれません。RPMでは、外界からの刺激を与え、生徒のチャンネルをレッスンの目標に向けます。学習チャンネルを使って実際に学ぶためには、外からのきっかけが必要なのです。慣れない学習方法は、定型発達者にとっても受け入れにくいものです。私もノートを取らずに、教科書を読むだけで勉強してみたことがありますが、運動感覚と視覚の両方を使ってノートを取りながら学ぶ時よりもずっと時間がかかり苦労しました。

RPMでは個人に合わせた教え方をします。よりよく学べるように、生徒の開かれた感覚チャンネルを見つけ、それに即した理想的な学習状態を作るのです。

多様な学習チャンネルについての考察

1．視覚

視覚は二つの主要な学習チャンネルの一つで「色・深さ・形・大きさ・空間における動きや動的な位置・両眼による立体視・詳細をくまなく見る」といった七つの要素があります。

これらすべての視覚的要素は脳内の異なる場所にあり、定型発達児では２歳になるまでにこれらが統合され、連携して働くようになります。

一方、自閉症を持つ人の代替的な感覚特性では、これらの視覚的要素は統合されずに切り離されたままです。この不完全なつながりによって、自閉症を持つ人は周囲の状況のほんの一部しか認識できません。このように限られた、あるいは異なる知覚が自閉症を持つ人の行動に影響を及ぼします。

自閉症を持つ子どもが壁や手すりにつかまっていたり、誰かにつかまらないと真っ直ぐに立つことができなかったりするのを見ることがあります。その子たちはたぶん、遠近感が普通とは違うために、不安定に感じているのではないかと私は思います。あまりに不安定なため、たとえ見知らぬ人でも、そばにいる人の手や体の一部をつかんでしまうのです。知らない人に触れてはいけないという社会ルールはわかっていても、脳で符号化が起こる前に身体的な必要性が瞬時に衝動となり「溺れる者は藁をもつかむ」、という状態になるのです。

携帯型DVDプレーヤーに釘付けになっている子どももいます。彼らはDVDプレーヤーをどこにでも持っていき、同じビデオを繰り返し見ています。これは、感覚系統への過剰な負担を避けるための行動だと思います。めまぐるしく変化する予測できない環境に直面した子どもは「何度も見たことがあり、予測でき、気持ちが落ち着くビデオ」という特定の範囲に視覚を集中させているのです。この場合の主要なチャンネルは視覚で、DVDのスクリーンだけを選択しています。このような「選択的視覚」の傾向があると、符号化が難しくなります。

中には周囲の状況をより完全な形で経験し、適切に微笑みを返し、その場を楽しむことができる人たちもいます。しかし彼らは、環境的または大域的な視野をフィルターにかけて余計なものを省き、特定の場所に焦点を合わせることができないかもしれません。

ケイティ

今日は家族に囲まれたケイティの誕生日です。彼女は家族と過ごすのが好きです。ところが……お祖母さんがケイティにプレゼントをあげましたが、なぜか彼女は見ようともしないで、その場にふさわしい笑顔をふりまいています。ケイティは、部屋の向こう側にお祖母さんが座っているのを簡単に見ることができますが、定型発達児なら飛びつくプレゼントを彼女は無視しています。お祖母さんは、ケイティがプレゼントを開けたがるのを待ちながら、いつプレゼントを開けるのだろうかと気がかりです。ケイティは、視覚を焦点に合わせることが困難なのです。

周りを見渡しているケイティは、視覚を使っている状態にあります。しかし、彼女の視覚は環境的または大域的なものです。視覚を部屋全体やスプーンなどの関係のない物体ではなく、その時に最も重要な焦点に合わせることができたら、ケイティはすべての感覚をそのプレゼントに集中させることができるかもしれません。お祖母さんには「ケイティはプレゼントをもらうことが本当は大好き」「あとで視覚を含めたすべての感覚をプレゼントに集中させることができれば、きっと喜ぶはず」だと説明する必要があるでしょう。皆がいなくなり周囲から気が散るものが少なくなった時には、おそらくそうなるはずです。

サミー

サミーは本をじっと見ています。写真をすべて見ているわけでも、字を読んでいるわけでもありません。あるページの特定の何かを見るのに夢中なのです。サミーの視覚はあまりにも固定されており、他のものはいっさい見ることができません。

サミーは、馬の写真があるページだけを見つめています。彼が見たいのは、こっけいな男が風船を持っている写真や、幸せそうな猫が暖炉の前で本を読む女の子を見ている写真などのページではなく、馬の写真があるページだけです。

サミーの視覚チャンネルは開いていますが、周りの景色や状況には注意を向けないし、本の他の部分にひかれることもありません。彼の視覚が認識するのは、何ページかにある数枚の馬の写真だけなのです。

私はサミーの探索を邪魔してその探究を中断しないように、彼の背後に立って教えているところです。RPMには、間違いというものはありません。本人が絶対に正しいと信じていれば、それが誰にも害を及ぼさないかぎりすべて正しいのです。私は自分の作業を邪魔されたくありませんので、サミーを邪魔する権利は私にもないと思っています。ただし今はRPMで指導中なので、彼が視覚的に夢中になっている物をレッスンで使います。これについては、さらに後述します。

> ページをめくる動作を何度も繰り返すうちに、サミーは馬の写真を探すのが上手になってきました。彼が作業療法士から線を引く練習をさせられている時に、鉛筆を持つのにとても苦労しているのが信じられないほど、細かい運動能力を正確に使ってこの動作を行っています。

サミーには、集中的な視覚を他にまんべんなく使うことができません。それができれば、本にあるすべての写真を楽しむことができるでしょう。彼の視覚は非常に選択的で、選択した物を見る作業に必要な運動能力を、完ぺきに発揮できるほど熱中します。

RPMでは、サミーが興味を持つ馬の写真を使って算数の文章問題を作ったり、動物の行動や馬の特徴について話をしながら科学を教える、といったような効果的なレッスン計画をたて、彼の興味を学問的なトピックへと滑らかに移行させることができます。

ティト

私は息子のティトが本を手に取ってページをめくり、クンクンと匂いを嗅いだのを思い出します。また彼がまだ3歳の時に、角にあるページ番号に注目しているのに気づきました。彼は本に描かれているどの絵にも注意を向けず、他の部分はすっかり無視して、ページ番号をカレンダーや他の本の中の数字と比べていました。

> のちに彼は「予測できるページ番号が、本の中で一番安心できるものだった。それに、どの本にもページ番号があったしね」と私に言いました。

私がまだティトを教える最良の方法を見つけようといろいろと試していたある日、別の紙に数字をいくつか走り書きしてみました。見るとティトは私の書いた数字とまったく同じ番号のページを開いています。それらのページにある記号が25や63・89と呼ばれる数字であることを、ティトは知っていたでしょうか？　いいえそうは思いません。なぜならどの記号が1でどの記号が2なのか、ティトにはまだ教えていなかったからです。しかしあれほどの集中選択的視覚があったおかげで、ティトは数字をパターンとして学び、同じ数字を見つけることができたのです。私はこのことで励まされ、教え方をさらに研究しました。

一枚の紙に37、別の紙に38、三枚目に39と書き任意の順番でティトの前に置くと、ティトが数字の小さい順に紙を入れ替えました。それを見て、私は大きな喜びと驚きを感じました。まだ数値を知らなかったにもかかわらず、ティトは選択的視覚だけを使って数字のパターンと順番を覚えていたのです。これで私は本格的にティトに教える気持ちを固めたのです！　いろいろな専門家に言われたことに反し、息子には学習能力があることがはっきりとわかりました。ティトを教育するには、ティト特有の学び方を考慮した、ティトにあった個別の教え方が必要だと考えました。

しかしティトへの教育法の詳細は、本書の主題ではありません。本書では、自閉症を持つ生徒に学ばせたい、またコミュニケーションができるようになってほしいと願うすべての人たちに役立つ情報を提供することに努めたいと思います。

ザック

ザックにとって、絵を識別するのは簡単なことです。字を書いたり書き写したりすることや、以前に練習した言葉を思い出して書くことも問題ありません。絵を見てその名を言うこともできるし、どんなDVDも楽しく見ます。挨拶程度の会話が少しできますが、それは主に丸暗記した文章によるものです。大域的視覚をうまく使って、自転車に乗ったり誰かとボール投げをしたりすることも、局所的視覚を使ってジグソーパズルを解くこともできます。

ザックは視覚学習者です。しかし周囲から大勢の声が聞こえると、かんしゃくをおこします。ザックには言葉で表現したり、自分の持っているDVDとは別の出来事を話して説明することは難しく、新しい事柄や概念について教えられるのを嫌います。読み聞かせをしているあいだ、じっと座っていられません。このように彼は、聴覚チャンネルを使って学ぶタイプではないのです。

RPMでは、物の名前を言ったり字を書き写したりするような、機械的な作業に限られているザックの視覚的能力を、言語の発達へ導くことができます。

2. 聴覚

聴覚は、二つ目の主要な学習チャンネルです。音には環境音・話し声・音源の距離・音と声との違い・音量・高低・強度などのさまざまな要素があります。

上記それぞれの要素を完全に統合することで、私たちはその環境にいて周囲に存在する音のすべての要素に気付きながら、聴覚を使いこなせる状態になります。ほとんどの定型発達者の場合、音は視覚に同調します。私たちは赤い果物を見た時「りんご」と言い、走っている男の子を目にした時に「男の子が走っている」と言います。

フアン

静かな授業中に、フアンは指を耳の中に入れて突然叫びだしました。

「耳が痛いのかしら？」「お腹が痛いのかもしれない」「家族に電話をして聞いたほうがいいですね」と、周りの人たちは何が起きたのかよくわからずに、その原因をさまざまに推測します。ですが、しばらくたつとフアンは叫ぶのをやめ、学校で一番陽気ないつものフアンになりました。

こういった光景は、特殊教育のクラスにいる教師にとって珍しいことではありません。

このような感情の爆発が起きた時には、痛みか他の身体的な理由があるかもしれませんが、フアンは痛みをなかなか感じない子どもです。彼は大好きな絆創膏を貼ってもらうためだけに、血が出るほど腕をかきむしることもあります。痛みは、突然始まり突然消えることはありませんので、フアンは痛みを感じていなかったことがわかります。

フアンが何らかの具体的な理由があって耳をふさいだのは明らかです。この日は、珍しく誰もかんしゃくや大騒ぎを起こさなかったので、フアンはいつもと違う静かな環境にいて、いつもと違う音の強度に反応したのでしょう。特にうるさい子どもが、欠席していたのかもしれません。フアンを襲ったのが正真正銘の痛みだった可能性もありますが、そうでなければ不安感でストレスを感じたことが考えられます。

ここでもう一度、思考をマッピングする過程で生まれる「予想」について説明します。何か予想と違うことが起きた時、それが不安感につながり手が付けられない行動として表現される時もあります。フアンの教室は、いつも部屋全体が授業の音や人の声による刺激で活気に満ちてとても騒がしいのですが、彼が叫んだり不適切な行動をとったりしたことは一度もありません。その環境で誰かがかんしゃくを起こしても、不愉快になったことは全くないのです。普通だと考えにくいことですが、フアンは聴覚的な刺激が何も無くなってしまった慣れない静けさで精神的に緊張し、自らのかんしゃくによる音でその空間を満たしたのでした。教室が普段とは異なり異常に静かだった状況が、フアンには耐えられなかったのです。

「自閉症なのに静寂を嫌がるのですか？　そんなことは聞いたことがありません。自閉症を持つ人たちは、音が苦手ではないのですか？」

私たちは、車の音をいつも聞いているうちにその音が環境の一部になり、常に聞こえているのが自然に思えることがあります。ある日夜間外出禁止令が出てその音が完全に消えてしまい、そこにあるのは驚くような静寂だけだとしたら、どれだけの人がその変化に対して落ち着いた気持ちでいられるでしょうか。定型発達者の中には、鳴り響くラジオを聞きながら気が散ることもなく仕事をする人や、テレビをつけたまま宿題をする十代の若者、騒がしい喫茶店で読書や仕事をする人たちもいます。ラジオ、テレビ、喫茶店などの音は環境音として一般化され、こうした環境下で作業ができる人にとって聴覚は大域的に働きます。私の知人に、クラッシック音楽を流して「雰囲気」を出さないと仕事ができない人がいました。私の耳にとって、その音楽はうるさいだけです。私のような人たちは「あんな雑音を聞きながら、どうやって仕事をしたり、考えたりできるのだろう」と不思議に思うでしょう。

自閉症を持つ人も、特定の状況に慣れます。それが音や空間、日課に関する予想を生み出します。秩序や通常を期待する人はこうした要素にとても敏感で、目に見えるものや聞こえる音の突然の変化により日常が崩れてしまいます。それが喪失感を生み出し、不安感が深刻化することがあります。こうした激情の表出は、突然の腹痛や耳の痛み、その他の痛みのサインかもしれない可能性を、完全に否定するつもりはありません。RPMでは、周りの人たちが憶測だけに頼らないためにも、本人から不安感の原因を特定して伝えられるように促します。

生徒の中には、いつも玩具などを叩いたり振ったりしてうるさく音を立てているのに、会話を聞いている時にはとても静かになる人がいます。彼らは、会話している人たちを見ないでもその場を去ろうとせず、そこにいるのです。

これはRPMを使おうとする指導者にとって、とても良いサインです。他人が聞き取れるように発語をする十分な運動能力が欠けていても「確かにこの生徒は言葉を楽しんでいる」と言うことができます。言葉を楽しんでいるということは、この生徒が言葉を理解していると考えられます。このことから、RPMによってさらに相互コミュニケーションを取るために必要な運動能力を得られるでしょう。

発語はあるのに、歌や何かの一節、要求やアニメ中の会話など、決まった言い回しにとどまっている人がいます。このような人は高い不安感から来るストレスから逃れるために、記憶している言葉やフレーズを発することで、気持ちが落ち着く聞きなれた聴覚刺激を得ようとすることがあります。他のいかなる音（特に周囲の人の声）よりも自分の声を聞きたがっている時、この人は**選択的聴覚**を使っています。聴覚を使う状態にあっても、その場で聞こえるすべての音をまんべんなく符号化しているのではありません。むしろ過剰に刺激的な他人の声を自分の発語を重ねることで軽減させ、聞きたくない音を取り除いているのです。

RPMでは、生徒自身の言葉をレッスンに取り入れることで不安感を和らげ、いつも繰り返される言葉やフレーズをもっと役立てて使えるように手助けします。

ジャック

> ジャックはクラスで著しい進歩を見せていました。あまりの進歩に、自閉症ではなくなったのかと思う人たちがいたほどです。しかし両親は、ジャックの不安感がひどくなりクラスで自己刺激的な発声が増えたのを心配しています。彼は好きな科目以外はやりたがらず、国語と文学の授業が苦手です。

確かにジャックは、重度の自閉症の子どもたちに比べると「普通」に見えます。しかし高学年になり、授業の内容もより複雑になりました。言語も概念化し、教科書の絵も少なくなりました。ジャックは聴覚的ではなく、模倣が得意な視覚型です。低学年で成績が良かったのは、暗記と模倣の能力があったことが大きいのです。

小学校低学年では暗記学習が役立っても、高学年になると暗記学習だけでは限界があることが明らかになります。

通常学級の授業でジャックに問題行動が増えてきたと先生から連絡がありました。ジャックは不安感から過度に興奮した様子で話します。彼はさまざまな状況を符号化することの困難や、難しくなってきた教科書のために皆の前で失敗するのが嫌で、以前に使っていたお決まりの言い回しや話に逃避せざるを得なくなりました。さらにジャックは**選択的聴覚の状態**にありました。感覚への負担が増えてきたのを和らげるため、ジャックは授業についていけた頃に学んだ語彙を使った要求や、慣れ親しんだ言葉だけを選んで聞いているのでした。

RPMではジャックが不安な時に使う言葉をレッスン計画に取り入れ、ジャックを統合された状態に保ちます。例えばジャックが「怖いよ」と何度も繰り返す場合、歴史のレッスンで、イギリス軍を恐れなかったアメリカ兵について教えてもいいでしょう。これにより自己刺激的な「怖いよ」という言葉の意味は弱まり、圧倒されることもなくなります。無発語の自閉症の人でも、ハミングをしたり同じ曲を頭の中で繰り返して聞いたりして音を作り出していることがあります。これは、外からの刺激を遮断するためかもしれません。

ここで、2種類の発声について説明します。

1. 周囲の音を消すために、目的を持って意図的、能動的に発している声。
2. 本人には音の制御ができない、意思とは関係なく受動的に発せられる声。ハアハアと口でする呼吸や、ハッと驚いて息をのむような音もあります。息を吸い込む時に出る音もあれば、吸い込む時と吐き出す時の合間に出る音もあります。この場合、受動的な発声のメカニズムはあっても、本人には周囲の音を消そうとする意図はありません。このような生徒は、普通、そこに聞こえている言語を楽しんでおり、コントロールできない自らの発声も含めた他の音と話し言葉とを聞き分けています。

生徒が不安感を和らげるために意図的に声を出しているのか、それとも無意図的な反射作用による学習を妨げない発声なのかを見分けることは重要です。それによってレッスンの進め方が決まります。

3. 触覚

三番目の学習チャンネルは触覚です。触覚は副次的な学習チャンネルです。しかし、建設的に使えば学習の手助けになります。触覚の主要な要素は「感触・圧力・温度・前記の要素における強度の違い・痛み・痛みの種類」の6種類です。

触覚は個人の学習習慣において、ソファに寄りかかる、またはきちんと机に向かって座るなどその人が学習する時の姿勢を左右し、学習をしやすくするなどの重要な役割を果たします。中には、決まった場所や座り方に慣れてしまい、座り慣れない椅子や他人の家などでは、普段通りに学習できない人もいます。触覚には他の要素もあり、それは人によっては最適な学習環境に欠かせないものです。

〈触覚は主要な学習チャンネルである視覚と聴覚を支える下位の学習チャンネルです〉

しかし感覚統合に困難がある場合、生徒は視覚と聴覚という主要チャンネルではなく、触覚チャンネルだけを使うことがあります。触覚チャンネルは潜在的に、他のチャンネルより高い満足感をもたらします。身体的な快感は、瞬時に強烈なホルモン分泌につながるからです。

自閉症を持つ思春期の若者が触覚を通して快感を得る方法を見つけると、公共の場では不適切な行動だと理解していても、人前で止めようとしないのはそのためです。

毛布や親にぴたりと体を寄せて、その場にある別の刺激には一切注意を払わないといった生徒や、布を手にしていると心が落ち着くのに、鉛筆の感触が苦手だと感じる生徒がいます。この場合、使われているのは一般化された触覚チャンネルではなく、選択的な触覚チャンネルです。選択的な触覚チャンネルは、ある種の服は着ても別の種類の服を嫌がるというような子どもたちに見られます。うちの子は寒さに強く、重いジャケットやウールのセーターを着たがらないと話す親は少なくありません。これには二つの理由があると思います。一つは、温度を感知する皮膚または脳の神経細胞が上手く働いていない（寒さを感じなければ、暑さも感じない）ことです。もう一つは、服の重さ、暖かさ、またはその素材に対し、選択的な触覚防衛反応がある場合です。

靴の感触が嫌いな人たちもいます。靴を履いた時の感覚が非常に不快なため、裸足でいるのを好みます。裸足を地面につけるのを避けるために、つま先で歩く習慣がついてしまった人たちもいます。服を脱いでしまうのも、触覚防衛反応の現れです。普通これは、服の特定の肌触りから逃れるための心の動きとして始まります。服を脱ぐことで不満を示すことができると知ると、問題行動化することもあります。この行動が悪い方向に強化されると、それが不満を表現するための行動になってしまう可能性があります。

人の体温を肌で感じて安心するために、誰かに寄りかかるのが好きな生徒の場合、相手に親しみを感じていると思われますが、多くの場合親愛感などない見知らぬ人にも接触を求めるようになります。触られて戸惑っている人に「あなたのことが気に入ってしまったようで」と弁解をする親もいるでしょう。しかしこれが習慣になると、親は「だれかれ構わずくっつくなんて、良くないに決まってるわ！」とひそかに心配しはじめます。こうした行動の背景には、誰かに寄り添うことに加え、人の体温による触覚刺激のほうが、実際の親愛感より強く働くという理由があります。生徒が他の人との境界線を安全に保てるよう、他人との身体的な接触に関しては年齢相応の行動をとるように親や指導者が仕向ける必要があります。

見知らぬ人や単なる知人との身体的接触を、子どもが定型発達児であれば厳しく止めても、自閉症児の場合だと親が止めないのには多くの理由があります。自閉症を持つ子どもの場合、人とコミュニケーションを取ることや普通に関わることが難しいために、いかなる形でも人との接触は良いことに思えます。子どもが大きくなるにつれてそうは思えなくなってくるでしょうが、子どもを愛する親の目にはわが子が「ぴったりと寄り添う」様子は「可愛い」と映るでしょう。しかし自閉症を持つ人が、友人や家族、あるいは見知らぬ人に対する適切な物理的距離の違いについて教わっていないと、そのような人から拒絶されるか、それ以上に悪いことが起こる危険が大きいのです。ですからこの種の触覚刺激は、他の方法で満たされるべきです。

手やシャツの襟などを口に入れるのも、触覚チャンネルが働いていることの現れです。乾いた物より濡れたものを好み、濡れたものの感触を得ようとしているのです。

物を口に含んだままにする子どももいます。この口を使った自己刺激は、環境の求めに応じた符号化が困難な時に起こる不安感を静めるための、彼らなりの方法です。

それから、触覚防衛反応があります。息子のティトは親が愛情をこめて抱きしめようとすることや、他の人が近くにいることに対して常に防衛反応を示しました。腕の肌が出ないよう、暑いインドの夏でさえ長袖のシャツを着ていました。また、新しい靴に慣れるのにいつも時間がかかりました。成長するにつれて、ティトの触覚防衛反応は薄れてゆきました。

4. 運動感覚

四番目の学習チャンネルは運動感覚です。触覚と同じように運動感覚チャンネルも副次的あるいは二次的学習チャンネルで、「速度・加速・動いている物体とその近くを観察すること・動きの一部になること・投射・回転」の六つの要素があります。

「この子はじっと座ることもできないのに、人の話を聞くようになるのかしら」

「マシューは追いかけられるのが大好きで、動き回ってばかりいます」

私は、運動感覚性の強い息子を持つ母親として、「不可解な行動以外に何か他のことができないものか、ただ動き回るだけの状態から前進してくれないか」と、わが子を心配する親の気持ちがよくわかります。ティトは這うことができるようになった瞬間から、運動感覚性の意欲は高まる一方でした。息子は床、階段とどこまでも動き回りました。

定型発達者の中にも、動き回りたい気持ちが他の人たちより強い人がいます。こういう活動的な人はオフィスでの仕事は向いていないと考え、ツアーガイドや旅行写真家を目指すかもしれません。運動感覚性の弱い人にとっては、オフィスで働く事に問題を感じないでしょう。座ったまま体を前後に揺らしたり上下に動かし、椅子の境界線にとらわれているかのような生徒を見ると、**運動感覚性**の人であると判断します。

また、自閉症スペクトラム（ASD）の人が紐をぐるぐると回したり、ボールを繰り返し転がしたり、ティトのように動いている扇風機を見つめたりするのを見ると、**選択的視覚**を使ってその場にある**運動性**のものに注意を向けているのがわかります。この場合、その場で一番魅かれるもの（ここでは視覚と運動性です）を符号化しようと二つのチャンネルが働いています。しかし視覚が選択的であるために、他のものを認識することはできないかもしれません。

長時間一つの場所に座っていられないというのは、定型発達児であっても学校でよく聞かれる問題で、一般的には問題行動だと考えられています。この種の継続的な動きはその人の感覚の要求に対する反応で、その必要性がなんらかの形で満たされない限り、学習は不可能だと私は断言します。

RPMセッションのあいだ、生徒は自由に動くことができますし、そうでなければ代替的な運動感覚性の機会が与えられます。

RPMでは、生徒の感覚の必要性を認め、本人なりの対処の仕方についてその行動を不適切だと判断して止めさせるのではなく、その行動を理解し配慮します。

RPMの基本的な目標は、学びです。個人の必要性を考えたレッスンは、その動きをレッスンに取り入ることで学ぶことができ、必ず成功します。レッスンを重ねるなかで徐々にその場のストレスを感じなくなれば、歩き回る代わりに一ヶ所で学習をするようになります。

人を判断する立場にある人がいるのでしょうか？　そうは思いません。

第11章

学習チャンネルを見極める

RPMの第一歩は、一人ひとりに合わせたレッスンをするために、その人の学習チャンネルを見極めることです。聴覚型学習者に適した教え方、学び方があるように、視覚型の学習者に向いた方法があります。

一概に視覚による学習といっても、選択的視覚の学習者と環境的視覚の学習者に概念を教えるのでは、教え方が異なります。同様に、焦点をうまく定めることのできる視覚型学習者への教え方も違います。

例えば「4 × 5」を視覚型学習者に教える場合、目で見てわかるように四つの四角形を5列に描いて教えます。聴覚型学習者には「テーブルを4回叩く音を5回続けて聞いたら、全部で何度聞いたことになりますか？」と問いかけます。さらに実際にテーブルを叩いてみせて「4 × 5」という概念について理解させます。

同じように、選択的視覚を持つ聴覚型学習者に概念を説明する方法もあります。このタイプの学習者向けのRPMのレッスンは、集中視覚を持つ選択的な聴覚型学習者への教え方とは異なります。視覚型学習者は「ジュースが欲しい」というような基本的な要求に絵カードを活用できる場合があります。一方何年も訓練したにもかかわらず、同じ絵カードを手段として使えない人たちもいます。最初にレッスンの対象者の自己刺激行動を観察することで、対象者が視覚型学習者なのか、それとも聴覚型学習者なのかを判断しなければなりません。

〈自己刺激行動とは？　問題行動のこと？〉

私たちのいる環境は、見えるもの・聞こえるもの・感触・匂い・味・動きなど、さまざまな刺激の源に満ちています。本書の初めに説明したように、自閉症を持つ人はこれらの刺激に感覚が圧倒されてしまうことで、状況のすべての要素を脳内で処理すること（符号化）ができなくなり、社会的に望ましいとされる行動をとるためのメンタルマップが作れなくなるのです。あらゆる方向から押し寄せる感覚的な情報の断片にさらされると、自閉症を持つ人は注意を向けるべき対象に集中しながら、無関係な要素を排除することが難しくなります。

動きを予測できる天井の扇風機を選んで見つめる子どもがいれば、部屋にいる犬の予測できない動きに目を奪われる子どももいます。また人と目を合わせることなく、カーペットの模様や自分の手をじっと見つめる子どももいるでしょう。中には、周囲の変化し続ける話し声を聞かずに、自分がいつも発するお決まりの言葉を繰り返し、予測できる聞き慣れた自分の声を聞くことで安心する子どももいます。別の子どもは人の話を聞くべき時に、圧倒された感覚を紛らわせようと、本を引っ張り出して匂いを嗅ぐことでしょう。あるいは紐を使って自己感覚刺激を作ることで、環境から受ける動揺を薄めようとする子どももいます。

これらすべての行動は、自己刺激行動です。これらの特異な行動は、自閉症を持つ人を社会から隔てる大きな原因です。自閉症を持つ人は、神経細胞の機能の仕方が異なるため、それに反応してこのような行動をとるのです。私たちはこのような違いに理解と思いやりを示し、自己刺激行動を矯正すべきもの、止めさせるべき問題行動と判断しないことが必要です。むしろ自己刺激的行動を、圧倒された感覚を静めるために起きている防衛機制として認識すべきです。私は指導者として、人間とその人の持つ感覚的ニーズを尊重し、理解を示すことで、指導者と学習者のあいだに良い関係を築き、それが大きな成功につながることを実感してきました。

聴覚型学習者の例

1. ジュリー

12歳のジュリーは、お気に入りの人形を持って部屋に入ってきました。この人形はもう3年も使っているため、色あせてボロボロです。しかしジュリーは新しい人形をどれも嫌がり、この人形を手放したがりません。ジュリーに何か作業をさせようとして人形を隠したり、どこかに置いたりするように言うと、それがほんの短いあいだでも彼女はひどく取り乱します。ジュリーは話すことができませんが、周りの人々が話し声を立てている時に、耳をふさぐことはありません。慣れ親しんでいる付添いの人に、おとなしくついて歩きます。ジュリーは人形を見ているわけではなく、ただ持っていたいだけです。彼女は何か一つの物を見るのではなく、その場所全体を見ています。

これらの観察から、ジュリーが触覚的な人間であることがわかります。ただし、さまざまな物に対応できる触覚ではありません。彼女は、いつもの人形を持つことを何よりも好み、鉛筆を持って書くように言われると、嫌がります。つまり彼女の触覚チャンネルは開いていても、それはすべての感触を受け付けるものではなく、選択的なものです。またジュリーの視覚は環境的なため、物の位置と空間を大域的に見ています。人の話し声を嫌がる様子はなく、自己刺激的な発語や発声もありません。このことから、ジュリーは言葉を話せなくても、周りで話していることを理解しているといえます。つまり、話し言葉を理解するための聴覚チャンネルが開いているのです。また選択的な触覚チャンネルと集中的ではない大域的な視覚チャンネルも開いています。**ジュリーのような学習者は、聴覚と選択的触覚、そして大域的な視覚を使うと判断します。**

2. エマ

11歳のエマも人形を持ってやってきました。しかし床の上に何かを見つけると、人形を落としてそれを拾い上げます。エマはソファを見るとそこに寝転びます。次は床にある紙切れを拾うために、ソファから降ります。そして人形のことを思いだし、それを拾います。エマは、目にしたものにあれこれと手を伸ばし、ずっと忙しく動いています。彼女もジュリーと同様に無発語で、人々が話す声は気になりません。

エマにはさまざまな物に対応できる触覚があり、選択的視覚を使って何に触れるのかを選んでいます。つまり視覚は選択的ですが、触覚チャンネルはより一般化されています。エマは衝動的な触覚と視覚のためにその場を活発に動き回るので、その結果選択的な運動感覚チャンネルも開いています。この運動感覚的反応は、視覚で受ける刺激と直接つながっています。エマは動き回ることで、視覚と触覚のチャンネルを統合しているのです。また人の話し声に対し、エマの聴覚チャンネルは開かれています。**エマが学習に使う主要なチャンネルは、聴覚・選択的視覚・選択的運動感覚で、さらに触覚も使います。**

3. クリス

8歳のクリスは車に乗る時、自分の座席以外には座ろうとしません。クリスは部屋の隅に立って手や指をなめながら、何かが起こるのを待っているかのように周囲を注意深く見ています。彼は声を出さず、人が話しているのを嫌がる様子もありません。クリスは誰かとボールの渡し合いをして遊ぶのが好きで、たとえ見知らぬ人とでも区別なく遊びたがります。人の髪の毛を触るのが大好きなことは皆に知られていて、ときにはぐいと引っ張ってしまいます。

クリスは、座ることに触覚防衛反応を示していることがわかります。車の座席に座れるのは、車に乗ることが好きで、外の景色を見て気が紛れることがあるでしょう。RPMのレッスン導入段階で、車の座席以外の場所に座ることに触覚防衛的反応をみせるクリスに対して確かに言えるのは、座って作業することは期待できないということです。クリスが手をなめているのは、手を味わっているわけではありません。手を湿らせておく癖からの行動で、安心するための触覚的なニーズからです。癖は安心感を得るための習慣です。クリスはボールの受け渡しを通して人と関わることが好きです。これも触覚を満たします。人の髪の毛を触るのは、選択的触覚が欲するためか、遊んでもらいたくて人の注意を引くためかのどちらかでしょう。クリスの社会的遊びは一般的ですが、彼にとって「誰と遊ぶか」よりも「何をして遊ぶか」が重要です。

クリスは聴覚的です。また、椅子に対する選択的な触覚防衛反応、髪の毛や口部刺激などの選択的触覚攻撃性、そして大域的な視覚があります。

ここまでは、主に聴覚を使うさまざまな学習者について考察しました。それでは、主に視覚を使う学習者たちを見てみましょう。

視覚型学習者の例

4. ジョン

10歳のジョンは、携帯型DVDプレーヤーを持ってRPMのレッスンに来ました。彼は座るように言われると従いますが、DVDの画面をじっと見続けています。映画の同じ場面を見るために再生し、それを何度も何度も繰り返します。ジョンは話すことができませんが、他の人が話しているのは気にしません。母親がDVDの音量を下げて消音にしますが、彼は音が聞こえなくても繰り返している場面を注視し続けます。

ジョンは視覚的な状態にあります。しかしジョンの視覚は選択的で、統合的な視覚ではありません。統合的視覚とは、選択的と大域的な視覚が組み合わさった状態です。ジョンのあらゆる感覚チャンネルは、小さな画面と何度も繰り返し見て予測できるその映画の場面のとりこになっています。ジョンはDVDプレーヤーがない時には、聴覚的になることもあります。しかし今は完全に選択的な視覚モードにあり、それによって自分に襲いかかる新たなストレスや刺激を効果的に除外しています。

RPMのレッスンを始める場合は、ジョンを選択的視覚を持つ学習者と判断する必要があります。将来のレッスン時には、聴覚的な状態になることもあるでしょう。しかしDVDプレーヤーを見ているこの瞬間は、学習に使える聴覚的な道はふさがれてしまっています。

5. エリック

13歳のエリックもまた、携帯型DVDプレーヤーを持っています。エリックはときどき、映画のセリフを言ったり登場人物の話し方を真似たりします。周りの人の会話を注意して聞くことはありません。エリックは、不意にDVDで覚えたお決まりの単語や短い言葉を声に出し、母親が話すのを頻繁に遮ります。運動能力は良く、DVDプレーヤーのボタンを上手に押します。エリックは「ハロー」などの挨拶語を暗記しています。また練習で覚えた「アイ・ラブ・ユー、ママ」と言い、母親からの返事を要求します。発音ははっきりしていますが、決まった言い方の挨拶しかせず、自分から言うことはめったにありません。エリックはDVDの登場人物の声を真似することができます。人の注意を引き、頻繁に母親からの声かけを要求することから、人との関わりを求めていることも確かです。しかしここでは、不完全な符号化が問題となります。エリックは暗記した社交スキルを使うだけで、その場にふさわしいやりとりができるわけではありません。これはメンタルマップ構成をしていないことを表します。彼は、その時々に自分が唯一できる方法で、人と関わり合おうと最善を尽くしているのです。

エリックは視覚チャンネルが開いているので、周囲の人や状況に気がついています。しかしその場の聴覚的な要素を、総合的にとらえる能力が不完全なのです。会話の断片をとらえてはいますが、完全には聴いていません。彼は、母親とのお決まりのやりとりを交わし、聞きなれた返事が返ってくるのを待っています。違った形で社交的になりたい気持ちはあるものの、自発的にそうすることはできないのです。**エリックには一般化された視覚と、選択的聴覚型の学習チャンネルがあります。**

6. デビッド

14歳のデビッドを見てみましょう。彼もやはりDVDプレーヤーを持っています。彼は映画のどの部分にも注意を払わずに、適当にボタンを押して画面をひっきりなしに変えています。映像を常に変えることで、デビッドは機械を操作する自分のパワーを感じているのです。彼はボタンを押すことに熱中していて、周りの世界を気にもとめません。母親は「これは四つ目のDVDプレーヤーだけど、もう壊れかけているの」と言っています。デビッドは話ができ、要求が言えて、さらに字を書くこともできます。

デビッドがエリックと違うのは、社交場面に加わりたいという気持ちや意欲が全くないことです。彼は要求の仕方を知っていますが、それ以上のことを言う必要は無いと感じています。いつも要求すればニーズが満たされるので、その意義をはっきりと理解しています。デビッドには字を書くのに必要な視覚と運動能力がありますが、いくつかの同じ言葉を繰り返して書くといった、自制できない運動性で書いているだけです。また自分で選んだ言葉にこだわり、それ以外の言葉は拒否します。

デビッドはDVDの画面を操作する自分の手のパワーを感じている今、視覚的そして運動感覚的な状態にあります。彼の視覚は明らかに選択的で、次々と変わるDVD画面からの刺激を求めています。それは現実の環境からは得られない刺激なのです。

デビッドは選択的視覚と選択的聴覚を使っていますが、主にDVDの画面を変えることに限る、局所的な運動感覚の状態にあります。

他の学習者の例

7. パット

18歳のパットは目を閉じています。目を開ける必要性を理解していないかのように、腕を持って誘導してくれる誰かに頼り切っています。パットは幼い頃からこのように、よく目を閉じたがりました。指示が無ければ、椅子ではなく床に座ります。床の上なら重心が安定して転げ落ちる可能性が少ないからか、安心するようです。パットは重力の概念を教わっておらず、知識もありませんが、痛い思いをしないよう床の近くに座るという体の防衛機制が働いています。付添いの人が椅子に座らせようとしても、彼は断固として床に座り続けます。

パットは発声をコントロールすることができます。周囲で人々が話しているあいだは静かにしていますが、直接誰かに話しかけられると、大声で抑揚のない音を出してその人の声を消そうとします。彼は、自分の手をいつも湿らせておくために口に入れ、身体を揺らし、どんなクラスや活動にも興味が無いという意思を声で表して一日を過ごします。

パットは三つの言葉を手話で表現できますが、その使い方が怪しくなってきました。例えば手話で「水」を表現するので、誰かが水を持ってきても、コップを押しのけます。また「水」を示すので、再度水を与えようとしますが、パットはまるで勝ち誇ったかのように押しのけます。一つのことにすぎませんが、思い通りにできるのが嬉しいのです。

パットは、椅子に座りたがらないことから、明らかに選択的触覚を持っています。

目を閉じているので、視覚的な状態ではありません。パットの聴覚チャンネルは開いていますが、誰かに直接話しかけられた時には自分の声でその人の声を消そうとし、選択的聴覚の状態になります。パットは周りの環境を自分で思い通りにすることができませんが、自分の持つ限られた手話を使って、その意味することとは違った形で思い通りにする、という唯一の方法を見つけたのです。

8. タナー

9 歳のタナーは、握るとキュキュッと音が出る玩具を持って部屋の中を歩き回っています。部屋から部屋へ人のそばをかすめるように動き、トイレに入っては出て、ドアを通り抜けて反対側から出ては、テーブルをトントンと叩く、という具合です。動かずにはいられないようです。タナーと私の目の高さは同じなので、時々私と目が合うことがありますが、それは偶然であり、社交的な意思のあるアイコンタクトではありません。一、二度、玩具が手から落ちたのですが、タナーは拾いません。誰かが拾ってあげても、関心が無さそうです。タナーにとってその玩具は、持っていても落としても、どちらでも構わないものでした。少なくともこの場では、握る玩具はタナーにとって手放せないほど大切なものではなかったのです。

自閉症を持つ子どもにはギュッと握る玩具などを与えるようにと、専門家はよく言います。開いている触覚チャンネルがある子どもは喜びますが、そうでない子どももいます。

タナーは目を開けていますが、深度や距離感などが統合されていません。そのために、テーブルにぶつかったり、通り過ぎる際に人にぶつかったりしそうになります。私の目の高さが、彼の視線の位置よりも高かったり低かったりしたら、私を見ることはできないでしょう。タナーは目を、左右または上下にうまく動かすことができません。

タナーは運動感覚的な状態にあり、視覚よりも運動感覚チャンネルを使ってその場の様子を探ろうとしています。

9. マイケル

9 歳のマイケルが動く様子を見てみましょう。タナーのように気ままに動くのではなく、マイケルはその場で正確な軌道を描きながら特定の動き方をしています。マイケルは異なる学習チャンネルを使って、決まった通り道を頭の中で地図にしているのです。物体や障害物の周りを移動し、進む道筋を描けることからわかるように、マイケルは視覚をうまく使えます。ドアを出て、テーブルを一回りし、父親の頭を越えて、椅子の下、そして椅子の上に乗り父親をハッとさせるといった具合で、ドアを出るところから再びこの巡回が始まります。

マイケルが、周りにある聴覚刺激に注意を払っているかどうかはわかりません。もっとも、決まったパターンの動きを繰り返しているマイケルには、ほとんど誰も話しかけません。こんな状態で話をできる人がいるでしょうか。特に椅子の上に立った時のマイケルの行動を、皆が心配しています。彼は、自分が動いている環境という大きな構造を見ると同時に、行く道にあるそれぞれの物体の詳細を見ています。「次はどこだ？」とでも言うように、左右に目を動かしています。

マイケルの場合は、主要な視覚チャンネルに運動感覚性の性癖が伴っています。マイケルは大域的そして集中的な視覚を兼ね備えています。

多数の生徒を教える中で、学習チャンネルとそれに伴う自己刺激的行動の無数の組み合わせを見てきました。100の例をあげることもできますが、きりの良い10例にするために、もう一つだけ例をあげましょう。

10. ティト

息子のティトについて書きましょう。3歳半の頃に、私がRPMの原則を使って教え始めました。ティトの学習チャンネルは日によって変わりました。息子が天井の扇風機が回転するのを夢中になって見つめ、その下でぐるぐると回っている日は、選択的視覚と、運動感覚性があると考えました。別の日は、手を振って自分の影と遊んでいました。この日も選択的視覚と運動感覚性だと思いました。しかし一緒に遊ぼうと私が近寄ると、ティトは立ち上がって去っていきました。明らかに触覚防衛反応があったのです。

どのようなチャンネルの時でも、私が続けざまに話しかけるのをティトは決して嫌がりませんでした。このことから、話し言葉を嫌っていないことがわかりました。自分の意思であろうとなかろうと、ティトの聴覚チャンネルは常に開いていたのです。私が台所から呼ぶと、ティトは必ず来ました。私の声を聞いている証拠です。スプーンやお椀を並べて遊ぶのが好きなティトは、私が料理をする台所にいるのを好みました。ティトは、本を読む時には集中的視覚を使いました。前章で述べたように、彼はページの下や角にある番号を見つめるのが大好きでした。

これらのことからティトは、選択的視覚チャンネルと一般化された聴覚チャンネルが開いている運動感覚性の人間と分類できます。

さて、ティトの話は彼自身に語ってもらうことにして、本書の目的に戻りましょう。

〈自己刺激的行動を解釈して学習チャンネルを見極めた後、次に何をすべきか〉

次にすべきことは、どの自己刺激行動が気持ちを落ち着かせるもので、どれが興奮させるものかを判断することです。自閉症を持つ人が身近にいる私たちは、自己刺激行動を単純に「刺激行動」と呼んでいます。本書ではこの二つの言葉を同じ意味として使います。

鎮静的な刺激行動は、一般的に学習プロセスを助けます。一方、興奮性の刺激行動があると気が散ってしまい、学習ができなくなるか学習への反応が鈍る原因になります。

これは定型発達者にも当てはまります。電話で人と話しているあいだ、紙に落書きをしたり髪の毛をいじったりする人も多いでしょう。考え中に歩き回ったり、料理中に鼻歌を歌う人もいます。これらの補足的な行動は、話していることや考えていることとは何の関係もありません。ただの習慣なのです。このような習慣は自己刺激行動なのですが、活動を妨げるものではないので、鎮静的であると言えます。**私たちは刺激行動によって落ち着くこともあり、またそれは私たちが機能して生産的であるために必要な行動でもあるのです。これが私の言う「鎮静的な自己刺激行動」です。**

逆のケースとして、女性の定型発達者を例に考えてみましょう。

彼女は執筆するために最適な環境を整えようと、必要以上に一生懸命になっています。花束の香りをかぎ、机を飾りつけ、クラシック音楽を流して理想の環境を作ろうとします。そして執筆を始めようと座りますが、そこで「万年筆はどこだったかしら。この日のために取っておいたわよね。それと、コーヒーを飲もうかしら」と考えます。執筆するはずのこの人は、形にとらわれて気が散り、完璧な状況を設定することで頭がいっぱいになり、実際の仕事をしていません。

これが私の言う「興奮性の自己刺激行動」です。興奮性の自己刺激は、本来の目標から注意をそらす原因になります。

自閉症を持つ人の場合、鎮静的または興奮性の自己刺激行動は、定型発達者とは違う現われ方をします。それは自閉症の運動性また神経細胞の働きが異なって機能するためです。

ある日のジョンはDVDプレーヤーに夢中で、他のことは拒絶しています。DVDを見る以外、学習するために必要な他の感覚チャンネルは完全にふさがっています。ジョンは視覚による興奮性の自己刺激行動をとっているために、学習が難しい状態です。

別の日のジョンは、DVDプレーヤーを持ってきたにもかかわらず、それほど夢中になっていません。単にレッスンに持って行きたいと感じただけです。レッスンの後に見ることを約束し、DVDプレーヤーの画面を反対に向けることができれば、ジョンを鎮静的な自己刺激の状態にすることができます。この場合、DVDプレーヤーの存在が安心感を与えているので、ジョンからDVDプレーヤーを取り上げることは学習の妨げになります。なぜなら、鎮静的な自己刺激に必要な物のことで頭がいっぱいになってしまうからです。

ソフィアが常に紐を手にしていても、あまりに気をとられていない限り、紐は鎮静的な触覚自己刺激に使われています。しかし紐をくるくる回したり、手触りを試したり、口に入れたりなどと、あらゆる感覚を使って紐で遊んでいる時には、紐は興奮性自己刺激のための物となり、学習の助けにはなりません。すべての学習チャンネルが、紐のために使われているからです。

別の日には、ソフィアは紐を持っておらず、他の何も手にしていません。部屋の隅や壁紙の模様を見つめています。彼女は、喜びや不安感といった感情の高まりにひたったまま、その状態から抜け出すことができません。壁や部屋の隅に釘付けになっている視線は、興奮性の自己刺激です。

サムは本のページをめくり、お気に入りの絵を探します。そして本を閉じ、もう一度同じページを開け、閉じます。サムにはそれを止めることもできなければ、止める気持ちもありません。興奮性の自己刺激が視覚的に起きていて、本を開けたり閉じたりする運動感覚性の要素をも伴っています。しかし本を開いたり閉じたりする動きに没頭せず、お気に入りのページを開けてそれを安心した気持ちで持っている場合には、興奮性の自己刺激ではありません。

興奮性の刺激は、物でなく人に対して生じることもあります。ある言葉や表現を繰り返し言わずにはいられなくなり、何度も何度も言い続けることがあります。問いかけに対して同じ返事が返ってくることを要求し、同じ返事が戻ってこないと苦痛に感じる人もいます。固執性の言葉のやり取りも、興奮性の聴覚自己刺激の一つです。

例えば

子ども：「このあと本屋に行く？」

親　　：「そうね、行きましょうね」

2分もしないうちに……

子ども：「このあと本屋に行く？」

親　　：「そうね、行きましょうね」

2分後にもう一度

子ども：「このあと……？」

このように、思った通りの返事で聴覚的な期待が満たされたとしても、その満足感はすぐに消え、再び同じ言葉を聞きたくなります。もし期待した言葉が返ってこなければ、この子どもはかんしゃくを起こすかもしれません。興奮性の聴覚的自己刺激にとりつかれると、望んだ返事以外は何も受けつけなくなるものです。

ティナは母親の隣に座り、母親のワンピースに腕や足をこすり付けていました。最初はゆっくりした動きでしたが、すぐにその動作にのめり込んでしまいました。ティナはどんどん夢中になり、さらに腕と足をこすりつけながら、笑い声を上げるのでした。

ティナの行動は、最初は明らかに鎮静的な自己刺激でしたが、脳内でおそらくドーパミンが増加したために報酬系が活性化し、興奮性の触覚自己刺激に変わったのです。

興奮性自己刺激は通常、感情を引き起こします。

多くの場合、興奮性の自己刺激は強迫的な性質を持ちます。強迫行為（こだわり）は一度始まると、脳内での周期的パターンのためにコントロールが困難になります。こだわりは、脳の尾状核が活性化することで始まり、何かをしたいという衝動を生みます。この神経インパルスは、尾状核から前頭前皮質に伝わり「何かがおかしい」という気持ちが起きます。インパルスはその後、帯状皮質を通り、落ち着かない気持ちに注意が向いたままの状態になります。しかしこの活性化はここで止まることなく、尾状核に戻り同じサイクルを繰り返して、ついには感情が過飽和状態になってしまいます。自閉症を持つ人の場合、この「何かがおかしい」という不安感のために、感情的反応が起きている場合もあります。尾状核は、ストレスや恐れといった原始的な感情を生じる部分である扁桃体の近くに位置しています。

RPMのレッスンをする時には、自己刺激行動の性質を考慮する必要があります。鎮静的自己刺激はレッスンを邪魔することなく学ぶことができるので、許されます。一方、興奮性の自己刺激は方向転換し、学習ができる状態へと変化させる必要があります。

ここまで学習者と自己刺激のタイプについて述べてきました。次の章では、教え方の詳細について説明しましょう。

第12章

RPMを始めるにあたって

RPMは、生徒一人ひとりの特性に合わせた教え方をします。

それぞれの生徒の中心になる視覚、聴覚学習チャンネルと、それを補う触覚、運動感覚チャンネルを通して教えるようにします。一般の教科書を参考にして教えますが、どのように教えるかは生徒にあわせて変えます。

教材：

1. 学習用紙

一枚の紙を生徒の前に置きます。これを教室の黒板のように使って、学習のポイントやキーワードなどを書きます。

2. 回答用紙

生徒が指差しやタイプ、手書きで言葉を綴るようになる前の段階では「教えて質問する」という方法を使います。まず概念を教え、それについてすぐに質問をし、回答の選択肢を紙に書いて見せます。①紙を小さく切り、それぞれに選択肢を書きます。②紙を2.5cm幅の帯状にたたんで線で区切り、選択肢を書くこともあります。

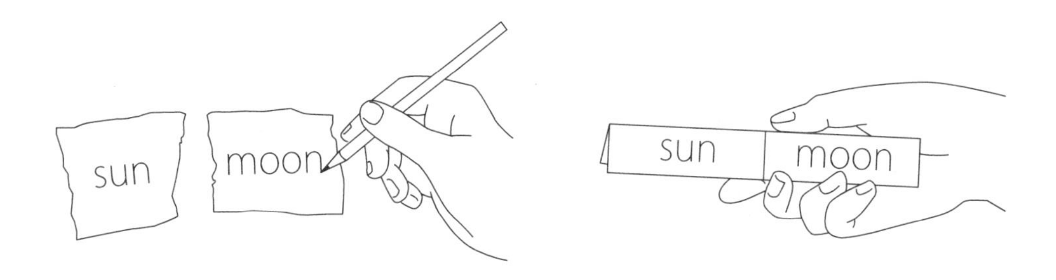

3. 大きいサイズのステンシル

各ステンシルは、5cm角の大きさで8から10の文字があります。これらのステンシルは、文字を指差したり、鉛筆でつつくようにしたりして答え始めたばかりの生徒向けです。

大きいサイズのステンシル

数字ステンシル

4. ステンシル

文字を指差したり、鉛筆でつついて言葉を綴るために使います。ラミネート加工された文字盤では指差しの直後に指を横に滑らせたり、文字と文字のあいだを指差したりしてしまう生徒は、正確さを身につけるためにも一時的にこのステンシルを使う必要があります。

字を書くことができない生徒は、ステンシルで文字をなぞることで、文字や言葉を手で感じることができます。これは触覚と運動感覚チャンネルを結びつけるのに役立ちます。選択肢から選んだ答えを、ステンシルを使って書くことで、生徒はより積極的に学習に参加できます。ステンシルの文字をなぞるのは、字の書き方を身体で覚えることにつながります。手を使って練習をするうちに、文字の書き方を覚えられるかもしれません。

Aという文字が書けることと、Aという文字を認識し、それがアルファベットの最初の文字だと理解していることとは違います。この二つの能力の違いに気が付かない大人たちがいますが、字を書く作業ができないからといって、概念を理解していないわけではありません。

ステンシルで練習した後には、字を書くことを教えることができます。生徒が鉛筆の持ち方を習得できるまで、指導者が手を取って補助する必要があるかもしれません。生徒が鉛筆の感触を苦手としていて、鉛筆を持てない状態の時は、特にこのような補助が必要です。はじめは手助けをしながら、生徒が触覚的に苦手なものにも触れるようにしていきます。体の動きをうまくコントロールできない生徒に対しても、正しく鉛筆が使えるような補助が必要でしょう。このような補助は徐々に減らし、言葉による指導を増やしていきます。

5. 筒状に丸めた文字盤

これは大きいサイズのステンシルの代わりに使えます。26文字、あるいは8～10文字の平らな文字盤に対して、筒状の文字盤は1列に5文字しかないので、綴りはじめたばかりの生徒向きです。

6. 文字盤

この文字盤は、運動機能に問題のない人が答えを綴るために使います。22㎝×28㎝の大きさで、26文字すべてのアルファベットが書かれており、ラミネート加工してあります。「何を選ぶか」「どうやって選ぶか」を練習している段階の生徒や、視覚をうまく使えない人、狙いを定めて指差しするスキルがまだないような**初心者などは、この文字盤を初めから使うことは勧められません。**

7. コミュニケーション支援のための道具や機器

誰かが文字盤を持って補助することなく、生徒がテーブルに置かれた文字盤を一人で指差しできるようになるまでは、RPMではその他の道具や機器は使いません。

【RPMの初回レッスン事例―異なる5タイプの生徒の場合】

1. ジョール：運動能力に優れ選択的に聴覚も使う視覚型学習者

まずジョールのレッスンから始めましょう。彼はDVDプレーヤーを持ってきましたが、映画を見てはだめとかプレーヤーを離しなさいなどと言わないようにします。ジョールは、ソファが他の人で窮屈になれば他の椅子に移動し、周囲の状況に対応することができます。彼の母親によると彼には発語も少しありますが、殆どは要求に関する言葉です。**ジョールは局所的また大域的視覚を兼ね備えた視覚型学習者で、選択的聴覚チャンネルを使っています。**学校で、先生が教科書を声に出して読んでいる際に、その内容を聞き取るのは苦手ですが、机の上にある教材を見ることはできます。ジョールのRPMレッスンは、**視覚と運動感覚を組み合わせた方法**で教えます。ジョールはDVDプレーヤーに目がいってしまいがちなので、指導者は彼の気を引き続けるために話しかけながら、机の上の学習用紙にキーワードを書き出します。

ジョールは視覚型学習者なので、指導者が書きながら教えれば、学習内容に集中できるはずです。これは視覚と運動感覚を組み合わせた学習方法です。この場合の視覚とは文字通りの意味で、運動感覚は指導者が書く際の動きを見ることを意味します。指導者がジョールの目の前に置かれた学習用紙にレッスンのキーワードを書きだすことによって、ジョールが主に使っている視覚と運動感覚を刺激するのです。

初回レッスンで、ジョールが話をするかどうかはまだわかりませんが、欲しいものを口頭で要求したり「こんにちは」などの挨拶をしたりできるかもしれません。文字が書けるかどうかは、それまでの学習状況によるでしょう。一般的に局所的な視覚型学習者は、作業を真似することができます。書き方を真似することができるようなら、まず教えたことの答えを選ばせ、書かせることでレッスン内容と文字の書き方をともに教えることができるでしょう。

ジョールは今回が初めてのRPMなので、不安を覚えるかもしれません。特に指導者がレッスンについて語る言葉を符号化することは新しい経験なので、なおさらです。彼の聴覚チャンネルはどんな音でも受け付けるものではなく、選択的です。こういう生徒を聴覚的に怯えさせないためには、早口にならないよう、低い声で話す必要があります。局所的視覚と大域的視覚をバランスよく持ち合わせている生徒のほとんどは、座って勉強をすることができます。座る時には、指導者と生徒の両方が壁に向くようにすると、周りの景色で生徒の気が散るのを防げます。

生徒の年齢が高い場合、初回のレッスンでは生徒の隣に立って教えるほうがよいでしょう。それにより生徒の視野に入るものが減り、気が散るのを避けられます。また指導者の声がすぐ近くから耳に入ると、生徒がストレスを感じる可能性がありますので、立って教えることは指導者の声が生徒の右側の上方から聞こえてくることになります。

RPMの指導者には、生徒の右隣に位置することを勧めています。そうすることで、生徒が論理的思考に使う左脳が活発になります。

これらの点に気をつけて指導すれば、ジョールがDVDプレーヤーを机に置いておいても、学習の妨げにはなりません。またこれは、ジョールの信頼を得ることにつながります。

RPMレッスンの目的

1. ジョールがすでに持っている知識を調べる。
2. 丸暗記ではない学習方法を導入する。

   新しい学び方、すなわち論理的に考えて答えることを教える。
3. ジョールが新しい事柄を学ぶ上で、問題がないかを判断する。

   ジョールが学ぶ過程で障害になっていることを見つけだし、「どのようにしたら学べるか」を教える。

具体的な目標

1. **「教えて質問する」**方法を使い、「何を選ぶか」を教える。
2. 指導者が書き、綴りを言い、言葉として発音することで、生徒が主に使っている視覚チャンネルと他のチャンネルとのつながりを促す。
3. 選択肢を丸で囲んで答えを選ぶ方法を教える。
   生徒の運動能力により、別の方法に変えることもある。
4. ジョールが答えを書くか真似して書くことができる場合は、そうさせて構わない。答えを書くことで運動感覚チャンネルが刺激され、運動感覚チャンネルと視覚チャンネル、そして指導者の声で刺激された聴覚チャンネルが結びつく。
5. ジョールの自己刺激の元であるDVDプレーヤーについて話すことで、彼の思考がこだわりから脳皮質で起こる学習や論理思考に切り替わるようにする。

【指導の内容】

ねらい1

生徒に論理的な考え方をさせるために、DVDプレーヤーについて話をします。

感覚アクティビティ

指導者が「そのDVDプレーヤーは良いTOY（おもちゃ）ですね」と言います。これはDVDプレーヤーの話をしてジョールの注意を引くためです。「Toy」という言葉を学習用紙に書きながら、綴りを読みます。ジョールの選択的聴覚チャンネルを考慮して、指導者は声を低く保ちます。

質問する

その後、指導者はすぐに「私は何と言いましたか？　あなたのDVDプレーヤーは、TOY（おもちゃ）だと言いましたか、それともWINDOW（窓）だと言いましたか？」と尋ねます。「Toy」と「Window」という単語のアルファベットを一文字ずつ声に出して言いながら、二枚の別の紙に書きます。それからジョールに鉛筆を渡し、答えに丸、またはジョールが書きやすい印をつけさせます。

ジョールが間違えた場合、言い方を変えてみます。「新しいDVDプレーヤーなのね」「今はSHIRT（シャツ）の話をしているのかしら、それともDVDの話をしていますか？」SHIRTとDVDの選択肢を紙に書き、綴りを読み上げます。

こうして視覚と聴覚の刺激を組み合わせるのです。ジョールに鉛筆を渡すのは、正解に印を付けるという作業を促すためです。

ねらい2

　続けてDVDプレーヤーについて話をします。

感覚アクティビティ

　指導者は引き続き学習用紙に書きながら、声に出して言います。

「DVDプレーヤーでC-A-R-T-O-O-N-S……CARTOONS（アニメ）を見ることができますね」そしてここでのキーワードである「Cartoons」の綴り方を言います。

質問する

「私は何と言いましたか？　見るのは、R-O-C-K-S……ROCKS（石）？　それともC-A-R-T-O-O-N-S……CARTOONS（アニメ）？」 指導者は再び選択肢を 二枚の紙に書きます。視覚と聴覚が同時に刺激されるよう、綴り方を声に出しながら書くようにします。 さらに運動感覚も使わせるために、ジョールに正解を書くように言います。必要であればステンシルを使っても構いません 。

ねらい3

　今回のレッスンはジョールの評価のためであることを頭におき、続けてDVDという言葉を使いながら、他の概念を教えます。

感覚アクティビティ

「あなたはDVDをMONDAY（月曜日）に見ます」と指導者が言いながら、ジョールの前に置かれた学習用紙に「Monday」と書きます。そして「次の日は……」と言ってから、迷う様子を見せます。

質問する

「その次の日は、何曜日だったかしら？」「P-O-T-A-T-O……POTATO（ポテト）それともT-U-E-S-D-A-Y……TUESDAY（火曜日）？」

　ジョールに鉛筆を渡し、正解に丸をつけさせます。

　ここで大切なのは、選択肢を「火曜日」か「水曜日」か、というような似通ったものにせず、まったく違うものにしていることです。「ポテト」か「火曜日」か、と尋ねることで、ジョールがあまり緊張せずにすぐに推論できるようにし、初期の段階で成功しやすくするのです。こうして自信をつけさせ、学習に参加する気持ちを起こさせます。ジョールが安心した気持ちで考えるようになれば、選択肢をもっと似通ったものにすることができます。

ねらい4

DVDという言葉を使いながら、曜日の名称についてジョールの知識を確認します。

感覚アクティビティ

指導者は「あなたがDVDを見るのは、月曜日、火曜日、……そして次は何曜日ですか？」と尋ね、ジョールの前に置かれた学習用紙に「月曜日」、「火曜日」と書きます。

質問する

「火曜日のあとは何曜日？　W-E-D-N-E-S-D-A-Y……WEDNESDAY（水曜日）、それともN-O-V-E-M-B-E-R……NOVEMBER（十一月）ですか？」「水曜日」と「十一月」をあらわす単語を書きながら、声に出して綴ります。鉛筆を渡してジョールが正解を選んだら、「水曜日」と 紙に書くように言います。

このあと、一週間の残りの曜日を質問しても良いですが、ジョールが落ち着かない様子の場合は、カレンダーの月の名前など別のトピックに切り替えても良いでしょう。すでに「十一月」という言葉を出したので、月の名前に移ることは容易でしょう。ジョールにとってRPMは初めてなので、指導者はジョールがこの評価目的のレッスンですぐにストレスを感じてしまう可能性があります。そこで指導者はレッスンのトピックを頻繁に変える必要があります。

あるトピックから別のトピックに移り、またもとのトピックに戻る、というようにスムーズに変化させます。生徒がリラックスできるようにし、信頼が生まれるようにするのです。

ねらい5

「十一月」という言葉を前の質問で出したので、今度はジョールが十一月という言葉の意味を知っているかどうかを確かめます。

感覚アクティビティ

指導者は、ジョールの前にある学習用紙に「十一月」と書きます。DVDプレーヤーに向いてしまっているジョールの視線をレッスンへと向け直すために、キーワードを書きだします。

質問する

「十一月とは、何のことだと思いますか？　カレンダーの月の名前、それとも野菜ですか？」と質問し、カレンダー月と野菜の言葉を、二枚の紙に別々に書きます。ジョールに鉛筆を渡し、ジョールが正解を選んだらそれを書かせます。ジョールが間違えた場合、カレンダーの月について教えることにします。

ねらい６

カレンダーの月を教えます。

感覚アクティビティ

指導者は「カレンダーの月の名前を一緒に学びましょう」と言います。

質問する

「これから勉強するのは、カレンダーの月の名前ですか？　それとも人の名前ですか？」と質問し、ジョールに鉛筆を手渡し、正解に丸をつけさせます。次に彼に選んだ答えを書くように言います。答えを書かせることで、教える者と学ぶ者の双方による学習過程にジョールが参加し続けるようにします。またこの作業は、ジョールが指導者の声を聞く**聴覚チャンネル**、自分の書いた文字を見る**視覚チャンネル**、そして書きながら言葉を「体感」する**運動感覚と触覚**の要素を一体化させるのを助けます。質問の答えを選ぶ過程で、使われるチャンネルが多ければ多いほど知覚力が高まり、その後の符号化がしやすくなります。

ねらい７

最初の３ヶ月の名前とその順序を教えます。

感覚アクティビティ

指導者は「一月、二月、三月」と言い、そこでやめます。

質問する

「私は何と言いましたか？　一月、三月、二月？　それとも、一月、二月、三月？」両方の選択肢を別々の紙に書き、ジョールの目の前に置きます。答えを選ばせるために再び鉛筆を渡します。生徒に答えを書かせる代わりに、ときには生徒が選んだ選択肢の紙を学習用紙に貼り付けてもよいでしょう。長い言葉が正解の場合は特にそうします。これはレッスンが単調になるのを防ぐのにも役立ちます。

ねらい８

三月に続く月の名前と順序を教えます。

感覚アクティビティ

指導者は「一月、二月、三月、四月、五月、六月」と言い、そこでやめます。

抑揚のない声で話す代わりに詩を朗読しているかのように、歌うような声で話すと良いでしょう。そうすることでジョールの聴覚チャンネルを引き付けることができるからです。

質問する

「私は何と言いましたか？　一月、二月、三月、四月、五月、六月？　それとも、六月、五月、四月？」と言いながら選択肢を紙に書き、ジョールが選べるように目の前に置きます。

ねらい 9

七月、八月、九月を教えます。

感覚アクティビティ

指導者が「一月、二月、三月、四月、五月、六月、七月、八月、九月」と言います。

質問する

「一月、二月、三月、四月、五月、六月の続きはどうなりますか？　七月、九月、八月？　それとも七月、八月、九月ですか？」と言い、ジョールに鉛筆を渡します。ジョールが間違った答えを選んだ場合は、上記の感覚アクティビティを繰り返してからもう一度「さて、もう一度やってみましょう。今度はもっとよく注意して聞きましょうね。一月、二月、三月、四月、五月、六月」と選択肢を読み上げます。そして「七月、八月、九月」と強調しながら言います。RPM がジョールにとって初めての勉強法だということを忘れずに、答えを間違えても気にしないようにします。「さあ、今度はどうかしら。一月、二月……七月、八月、九月ですか？　それとも、七月、八月、五月？」

続けて残りの月の名前も教えます。十二ヶ月を四つのグループに分割し、三ヶ月ずつにするとよいでしょう。新しいグループはその前のグループとつながるようにし、例えば四月、五月、六月が切り離されて覚えることがないよう、一月、二月、三月の続きであることを教えます。数字や、足し算、引き算などに関するジョールの知識を評価するために、もっと長いレッスンにしてもよいでしょう。これは申し込み書類にあるジョールに関する情報と、準備しておいたレッスンプランに応じて判断してください。

〈感覚アクティビティとは何か？〉

感覚アクティビティは、生徒の注意をレッスンに向けるためのものです。レッスンをどのように教えるかでもあります。上記のケースでは、生徒は視覚的です。つまり広い範囲を見渡す大域的視覚と、机の上の教材を注意して見ることのできる視覚を持っています。また、生徒が選択的聴覚を持っているため、指導者は静かな声で話しながら文字を書きます。もし紙に書くことをせずに声だけを使って教えると、この生徒は圧倒されてしまうかもしれません。

感覚アクティビティとは、指導者が行っていることです。上記の例では、言葉を紙に書きながら話をしていることが、感覚アクティビティです。生徒の学習チャンネルを刺激し、自己刺激行動から気をそらすために行うもので、生徒の自己刺激行動に対抗するために各自に合わせた方法で行い、レッスンを成功に導くことが目的です。

〈プロンプトの与え方について〉

RPMで使うプロンプトは、生徒に返答を促すために使うものであり、正解を導き出すために使うものではありません。上記の例では、ジョールに鉛筆を渡すことがプロンプトです。これは答えを選ぶという動作を開始させるためです。

「生徒がプロンプトに頼りすぎる恐れはありませんか？」

プロンプトに頼るようになったとしても、それが悪いことというわけではありません。無反応であるかわりに、プロンプトによって生徒がレッスンに参加するという結果になるのです。練習をつむにつれメンタルマップをうまく描くことができるようになり、選択肢を選ぶという作業を通じて、考えをまとめられるようになります。そうなれば少しずつプロンプトを減らしていくことができるのです。

〈評価目的のレッスン後に何をするか〉

この後のレッスンでは、一般の教科書を使い始めてもよいでしょうし、初回レッスンと同じ「教えて、質問する」手法を使い、さまざまな科目を教えます。生徒の運動スキルに応じて、選んだ答えを文字盤の指差しで綴らせるか、手で書かせるかします。レッスン例は本書の最後にあります。

2. クリスティーナ：大域的視覚を持つ９歳の聴覚型学習者

次に紹介するのは9歳のクリスティーナです。新しい場所に連れてこられたのが不安な様子で、母親に寄りかかっています。クリスティーナは上の方を見ています。彼女の視野は目線より上にあります。足元を見下ろすのは難しいようで、階段を上る時には手すりにつかまる必要があります。人の話し声がする方向に自分の耳が向くよう、頭の向きを変えます。

クリスティーナには、自分の意思とは関係なく呼吸のリズムにあわせて出てくる、自己刺激的な発声があります。このような発声は、周囲の音を消そうとするためではありません。意図的な発声の場合は、もっと本人が声をコントロールしている感じになります。

クリスティーナには、大域的な視覚があります。彼女の視線の位置を見ると、ある高さより上しか見ていないことがわかります。**クリスティーナは聴覚型**で、その場にある余計な音を除外して、いろいろな人たちの話し声を聞きとることができます。このことは、クリスティーナが話し声の方向に頭を向けることからわかります。

クリスティーナは、気持ちを落ち着けるために触覚チャンネルを使っています。待っているあいだ、彼女は母親に寄り添って座っています。新しい環境で、気持ちを落ち着かせたいのでしょう。クリスティーナの触覚チャンネルが選択的なものか、あるいは何にでも対応できるものかどうかは、レッスンを始めるまではわかりません。鉛筆を持つのを嫌がるかどうかも見て判断します。

RPM レッスンの目的

1. クリスティーナにすでにある知識を調べる。
2. 考えて答えを出すという、クリスティーナにとり新しい方法を教える。
   また、「何を選ぶか」「どうやって選ぶか」を教える。
3. すでにある知識の中に欠けていることがあればそれを見つけ、また「どのように学ぶか」を教える。

具体的な目標

1. 「教えて質問する 」方法で行い、「何を選ぶか」を教える。
2. クリスティーナの聴覚チャンネルと他のチャンネルをつなげる。
   クリスティーナが紙を見下ろすことができない場合、手首の上に指導者が指を使って文字を「書く」ようにします。クリスティーナの手と鉛筆を同時に持って言葉を一緒に書きます。こうすることによってクリスティーナは、指導者が書いていることを触覚で感じることができ、目ではっきり見ることのできない情報を触覚から得ることができます。書いているあいだはその言葉の綴りを言い、また言葉として発音するようにします。
3. 「どうやって選ぶか」をゆっくり決めさせる。
   「正解に丸をつける、正解の紙を叩く、紙を選んで取る」のうちどの動作が一番楽にできるか、時間をかけて試させる。
4. 文字を書くというスキルを教える。
   クリスティーナにとって、文字を書くのは新しい知覚経験です。クリスティーナが鉛筆を長く持っていることができれば、指導者と一緒にステンシルを使い、選んだ正解の文字をいくつかなぞり書きしても良いでしょう。このようにさまざまなやり方で刺激を与えることで、レッスンが退屈にならないようにします。

5. 自己刺激行動の元になっているものについて話し、それをレッスンの内容にする。

ここまでのあいだ、クリスティーナは興奮性の自己刺激行動をとっていませんので、レッスンを始めるにあたり、椅子に座っていること、鉛筆を持っていること、またはピンクのワンピースを着ていることについてなど、彼女が今行っていることを話題にして話をします。

【指導の内容】

ねらい1

クリスティーナが指導者の話し方に慣れるようにします。

感覚アクティビティ

「さて、今日はあなたの手について話をしましょう」と言います。

質問する

指導者がクリスティーナの目の前で紙を二枚に破ります。そして「この紙にH-A-N-D-S……HANDS（手）と書きます」と言い、書きながら声に出して綴り、発音してみせます。そして「こちらの紙には、N-O-S-E……NOSE（鼻）と書きます」と言い、同じように声に出しながら書きます。紙を破るのは、その音で聴覚を通して生徒の注意をひくためです。クリスティーナの視線は机の上になく、指導者が書いたものを見ることができないからです。「私は何と言いましたか？　あなたの手について話をしましょうといいましたか」と問いかけ、「手」と書かれた紙をトントンと叩きます。そして「それとも、あなたの鼻について話をしましょう、と言いましたか？」と質問し、「鼻」と書かれた紙をトントンと叩きます。これは、選択肢が置かれた場所を音で知らせるためです。

クリスティーナに鉛筆を持つ意思があり、またそれができるようであれば、鉛筆を渡します。そうでなければ、選択肢が書かれた紙を叩いて選ぶように言います。

正解を選ぶために必要な運動機能が不十分な場合は、指導者が理解を示して「一緒に答えを選びましょうね」と伝えます。それからクリスティーナの手を取り、「手」と書かれた紙を取るのを手助けします。そのあいだも「私たちは手と書いてある紙をとりましたね。さあ、もう一度練習しましょう」と言い、一緒にしている作業について説明します。これは生徒が「どのように選ぶか」を学んでいく方法の一例です。

生徒が正解を選ぶか不正解を選ぶかは、①その人の運動スキル、②指導者の声にどれだけ注意を払ったか、の二つによって決まります。

ねらい 2：生徒が正解を選んだ場合

「教えて質問する」方法を使い、「手」という言葉に関する他の概念を教え続けます。

感覚アクティビティ

指導者は「手を使って、物を持つことができますね」と言い、「持つ」という言葉を強調します。

質問する

指導者は「何と言いましたか？　手を使って、W-A-L-K　WALK（歩く）、それとも H-O-L-D　HOLD（持つ）？」と尋ねます。机の上の「歩く」と「持つ」が書かれた紙をトントンと叩きます。次に「それでは、身体のどこを使って歩くと思いますか？」と聞き、紙を二枚に破ってそこに言葉を書きます。指導者は質問をした時と同じ速度を保ちつつ、さらに尋ねます。「F-E-E-T……FEET（足）ですか？」、「それとも、E-A-R-S……EARS（耳）ですか？」それぞれのアルファベットを発音して綴りを言い、次に言葉として発音しながら紙に書きます。指導者は選択肢が書かれた紙を机に置くたびに、その上をトンと叩きます。クリスティーナが正解を選んだ場合、今度は耳について「耳は何をするためにありますか？」と質問します。指導者が再び紙を二枚に破り、「S-E-E　SEE 見るためですか？　それとも H-E-A-R　HEAR 聴くためですか？」と聞きます。どちらの言葉も綴りを言ってから発音し、そのあいだに選択肢を書き、それをトントンと叩きます。これは評価のためのレッスンであり、クリスティーナに「どうやって選ぶか」と「何を選ぶか」を教える機会でもあるので、教える内容はどのようにもできます。上記のような質問をすることで、クリスティーナが身体部位についてどれだけ知っているかを見極めることができます。おおよそ 5 つの質問で十分でしょう。いくつかの質問をして、クリスティーナが身体部位について知っていると分かった場合には、他の分野の知識があるかどうか試してみてもよいでしょう。例えばカレンダー、家族、カテゴリーや分類などについてすべて初回のレッスンで評価することができます。

ねらい 3：質問に対して生徒が不正解を選んだ場合の対応

生徒が緊張せずに安心して指導者の声に注意を向け「何を選ぶか」を学べるように工夫しましょう。指導者は「違います」と言うのを避けましょう。

感覚アクティビティ

指導者は「今から一緒に使うのは、手です」と言います。生徒の聴覚にうったえるために、「ジャックとジルが丘を登り……」というようなわらべ歌のリズムで、声に抑揚をつけて話します。

質問する

続けてすぐに、同じような抑揚とリズムでこう言います。「今から一緒に使うのは……」そして素早く紙を二枚に破り、「H-A-N-D-S……HANDS 手ですか、それとも E-A-R-S……EARS 耳ですか？」と綴りを言い、言葉をそれぞれ発音しながら紙に書きます。二枚の別々の紙に「手」「耳」と書かれたものを机に置き、それぞれをトントンと叩きます。この場合、生徒が当てるのは言葉の音の感じなので、間違える可能性は低いのです。

ねらい 4

「何を選ぶか」「どうやって選ぶか」を教えながら、指導者はクリスティーナと信頼関係を築くことに焦点をあてています。クリスティーナの視覚は選択的なので、別の方向に視線を泳がせているかもしれませんが、この段階ではアイコンタクトを取ろうとしたり、何かに目を向けさせようとしたりするのはやめましょう。

感覚アクティビティ

指導者は同じようにリズムをつけて「手を使って、鉛筆を持ちます」と言います。

質問する

そのあとすぐに、同じ抑揚とリズムで「手を使って、鉛筆を……」と言いかけます。リズムが止まらないように素早く紙を破り、言葉を紙に書き、綴りを言います。この時も、できれば同じリズムをつけるようにします。「W-A-L-K……WALK 歩きます、それとも H-O-L-D……HOLD 持ちます、どちらですか？」と質問します。

ねらい 5

引き続きクリスティーナに、注意を払って聞くという練習をさせます。トピックはここまでのものに関連付けます。

感覚アクティビティ

指導者が再びリズムをつけて、「歩くのに使うのは……足」と言います。

質問する

「歩くのに使うのは……」と言いかけた後、指導者が紙を破り、綴りを言い、言葉を発音しながら、それぞれの選択肢をトントンと叩きます。(叩くのは、選択肢の紙が机のどこにあるかを知らせるためです)「F-E-E-T……FEET 足？　それとも H-E-A-D……HEAD 頭？」と質問します。

「何を選ぶか」のコンセプトをクリスティーナが理解した時点で、用意したレッスンを始めます。初期の段階では、同じトピックをあまり長く続けないようにします。レッスンの内容や感覚アクティビティが退屈だと思われないようにしなければなりません。

ねらい 6

クリスティーナが数をかぞえられるかどうか、見極めます。学校では 10 までしか数を教えないので、自分の子どもがどこまで数字を知っているのかわからないという親御さんが時々います。

感覚アクティビティ

指導者が「足は二つあります」と言います。
「2」という数を身体で感じてもらうために、クリスティーナの手首を鉛筆で 2 回軽く叩きます。

質問する

「足はいくつありますか？」と聞いて、紙を二枚に破り、一枚目に「2」、二枚目に「8」と書きます。「2？　それとも 8？」と質問しながら選択肢をトントンと叩き、クリスティーナに鉛筆を渡します。

感覚アクティビティ

指導者がリズムをつけて「1,2,3,4, その次は……？」と問いかけます。

質問する

「その次はいくつですか？　5？　それとも、リンゴ？」と質問します。選択肢をトントンと叩き、クリスティーナが動作を開始するためのプロンプトとして、鉛筆を渡します。ここでも、選択肢は似ていないものを選ぶようにします。生徒は次にくる数字として「リンゴ」を消去し、簡単に正解を選ぶことができます。RPM では生徒のやる気を呼び起こす手段として食べ物やおもちゃを使わないので、初回のレッスンで生徒が正解を選び「できた」と感じることが非常に重要です。「できた」と思うことで、さらにやる気が起きるのです。指導者は「どの順番で書きますか？ 1-2-5-4-3、それとも、1-2-3-4-5？」と聞きます。（注：これは上の質問の続きで、数の順序を教えるためのものです。）

クリスティーナが「1-2-5-4-3」を選んだ場合は、次の感覚アクティビティをします。

感覚アクティビティ

指導者は「違います」と言う代わりに「一緒に覚えましょう」と言います。そして「1……2……3……4……5」と、声に出して数を順番に言います。暗記をさせようとする時には、その数の前、途中、後のどこにも余計な言葉が入らないようにしなければいけません。

質問する

指導者は素早く紙を破ってそこに書きながら、すぐさま「1-3-2-5-4？　それとも1-2-3-4-5？」と聞きます。クリスティーナに鉛筆を渡し、正解を選ばせます。想像力をふくらませて、レッスンをさらに進めてみてください。ここにあげたのは、初回のレッスンを計画する際に参考にしてもらうための例にすぎません。ここでの説明を取り入れて、個人の学習チャンネルに合わせたレッスンをしてください。

〈生徒が答えを選んだら、すぐに鉛筆を取り上げましょう。〉

これは手にした鉛筆に、生徒が気を取られないようにするためです。動作を起こさせるプロンプトとして鉛筆を渡し、選択肢を選んだ直後に取り上げることで、リズムが生まれます。

〈リズムをつけて話しましょう〉

興味を抱かせるような話し方を指導者がすることで、生徒は周囲のさまざまな他の物事ではなく指導者の声に注意を払うことができ、学ぶことができます。周囲にある他のものに気を取られがちな生徒に対しては、特に重要です。RPMレッスンでは、生徒がレッスンから何かを学ぶだけでなく、学んだことを「見せる」ことができて、初めて成功したと言えるのです。

RPMで教える指導者は、生徒の自己刺激行動に対抗する必要があります。レッスンの中では、指導者自身が刺激の源として生徒の注意を引かなければなりません。そのためにはリズムをつけた声で話し、学習用紙にキーワードを書き出していくことが大切です。

指導者として覚えておくべきことはたくさんあります！　バスケットボールについて書かれた本を読むだけで選手として成功する人はいません。練習が必要です。RPMで教えるためにも練習が必要なのです！　上達するには洞察力と意欲も必要です。指導者が上達すれば生徒も上達します。

3. デビッド：10歳で発語は無い　触覚防衛反応あり

デビッドはどこにも座ろうとせずに静かですが、疑い深そうな様子を見せています。人の服や髪の毛を引っ張って「遊ぶ」のが好きで、公園やショッピングセンター、レストランなどの、思わぬ所で人の洋服を引っ張る癖がついてしまいました。服を引っ張られた人がデビッドから逃れようとすると、面白がって余計に引っ張ります。髪の毛を引っ張るのは、おそらく人が嫌がる様子や「やめなさい！」と叫ぶのが面白いからでしょう。彼は服などを引っ張っていない時には、部屋の隅に立っています。周りの様子を見ながら、自分の手をしゃぶったり噛んだりして口を刺激しています。

デビッドには発語がありません。他の人の手を取って、どこかへ連れていくのが好きです。私は、誰かと手をつないでいなければデビッドはどこにも行かないことを、後で知りました。しかし、誰かの服などに触覚刺激の狙いをつけた場合には、人の助けを借りずにどこでも行くことができます。

このようにデビッドは、初めての場所ではどこにも座りたがらないことから、**選択的触覚**を使うこと、また**大域的視覚型学習者**であることがわかります。こういう生徒の多くは、**聴覚チャンネル**も使います。そして聞こえてくる音を遮るために、自分でわざと声を出したり、ヘッドホンをつけたりします。

RPM レッスンの目的

1. デビッドにすでにある知識を調べる。
2. デビッドにとって新しい「考えて答えを出す」という方法を教える。
「何を選ぶか」「どうやって選ぶか」を教える。
3. すでにある知識に欠けている部分があるか調べる。そして「どうやって学ぶか」を教える。

具体的な目標

1.「教えて質問する」方法を使い「何を選ぶか」を教える。
2. デビッドの聴覚チャンネルと他のチャンネルをつなげる。
3. デビッドにはつかみ癖があるので、鉛筆を手渡す方法では、指導者と鉛筆の取り合いになる可能性がある。そこで鉛筆で正解の紙に印をつけさせる代わりに、手で紙を取らせるなどデビッドの運動能力に適した方法で「どうやって選ぶか」を練習させる。
4. さまざまな知覚経験をさせて、人の服をつかんで注意を引くという癖を忘れさせるようにする。新しい知覚経験の一例として、選択肢の紙を持ち上げるなどのスキルを教える。
5. レッスンの一環として、デビッドの自己刺激行動についての話をする。このレッスンのあいだ、デビッドは「やめなさい！」という反応が見たくて、指導者の服をつかむ衝動にかられる可能性があることに注意する。

デビッドは椅子に座ることを拒否し、頑固にドアのそばに立っています。これはおそらく触覚防衛反応のためでしょう。無理に彼を座らせようとしても、時間を無駄に使い、彼との信頼関係も損なうことになります。

【指導の内容】

ねらい１

デビッドは、レッスンが始まるとすぐ指導者の服をつかみました。この状況では、争うことなくデビッドの手を指導者の服から引き離すのは不可能です。デビッドの衝動的な考えを、論理的な考えに切り替えさせるためにも、最初にデビッドの行動に対処する必要があります。

感覚アクティビティ

机にもテーブルにも座ろうとしないデビッドの前に、物を置くための物はありません。デビッドに服をつかまれた状態の指導者は、紙を手で持ったまま教えることになります。ここで感情を見せず「あなたは、私の服を引っ張っています」と言います。

質問する

指導者は「あなたは、私の何を引っ張っていますか？　服ですか、それとも本ですか？」と問いかけます。このような状況では、選択肢を紙に書くのは難しいのですが、あきらめないことが重要です。持ち運びのできる小さな机のようにして、ハードカバーの本や厚紙の上で紙に書いたり、その上に選択肢を置いたりしてもよいでしょう。

〈指導者の服をつかんでいるデビッドは、どうやって答えの紙を選ぶのでしょうか？〉

方法はあります。デビッドはとても賢く、指導者を観察しながらいつ諦めるかと待っています。この場合、すぐに正解を彼の手の中に押し込みます。この時に「Good job」（訳注：アメリカの特殊教育の場で日常に使われる褒め言葉。漠然とした「よくできました」の意味）というかわりに「そうです。正解を選びましたね」と言ってみましょう。一般的に服を引っ張る生徒は、服をつかんでいる手に紙が入ってくる感触を好みません。生徒は握った手の中に紙を押し込まれた瞬間に、服から手を離すでしょう。

感覚アクティビティ

服からデビッドの手が離れ一時的に体が自由になった指導者は、「引っ張るには、手を使いますね」と話しかけます。再びつかまれないよう、指導者はデビッドの前に立ちます。

質問する

指導者は、「引っ張る時にあなたが使うのは……」と言って素早く紙を破り、「手ですか、目ですか？」と質問します。デビッドからは距離をとったまま、破いた紙に選択肢を書き「さあ、正解が書かれた紙を手でつかんで」と促します。デビッドが紙をつかまない場合は、指導者が正解の紙をデビッドの手の中に押し込みます。

感覚アクティビティ

「目で、見る」と言います。

質問する

「目で食べる？　それとも見る？」つかまれない距離を保ちながら、紙を破り選択肢を書きます。選択肢の紙を持ち、前からデビッドに近づきます。右側に立つと、デビッドが服をつかんできて、レッスンが進まないためです。正解をデビッドの手の中に押し込み「それが正解です。目で『見る』のです」と言います。

このように、正解をデビッドに渡すことによって、人の服などではなく、紙に手を伸ばすというスキルを教えます。また、攻撃的な行為によって触覚を満足させたいなら、服のかわりに紙を対象にする方が良いということも教えています。4、5回こういったことを繰り返すと、大抵の生徒は自分から正解の紙を取り始めます。中には、もっと多く繰り返さなければ学ばない生徒もいますが、レッスンが終わるまでにはほとんどの生徒が選択肢の紙を選ぶようになります。

感覚アクティビティ

指導者が「目で、見る。耳で、聞く」と、言葉と言葉のあいだに同じ間隔をあけながら、リズムをつけて言います。このあと「聞く」という言葉について質問するので、その言葉を強調して言います。

質問する

「目で、見る」と、同じリズムを保って言います。そして紙を破り「耳で走る？　それとも耳で聞く？」と質問しながら、それぞれの選択肢をすばやく書き、デビッドの目の前で選択肢の紙をひらひらと振って見せます。デビッドが右利きであれば右手の前、左利きであれば左手の前というように、利き手の前でふります。

指導者は引き続きデビッドの前に立って、「教えて、質問する」方法を使いながら、評価のためのレッスンを進めます。自分の役割が話を聞いて正解を選ぶことだとデビッドに教え込むために、指導者は休みなしに話し続ける必要があります。デビッドが服ではなく、正解が書かれた紙に手を持っていくようになった時点で、評価のためのレッスンを続けることができます。

ねらい 2

生徒が色を知っているかどうかを調べます。

感覚アクティビティ

指導者が「今私は、色に関する言葉を思い浮かべています」と言います。

質問する

「何だと思いますか？」と聞き、紙を破って「赤」と「窓」という選択肢を書き、それをデビッドの前でひらひらと振ります。紙を振るのは、運動感覚に訴えるプロンプトで、デビッドがどちらかの紙をつかむ動作のきっかけになります。そして「赤、それとも、窓？」と尋ねます。

感覚アクティビティ

続いて「今度は、空の色を思い浮かべています」と言います。

質問する

「それは、何色でしょうか？」と問いかけます。再び紙を破り、「赤、それとも、青？」と尋ねながら、その選択肢を書き、デビッドの利き手の前で振ります。

感覚アクティビティ

「太陽について、考えています」と言います。

質問する

指導者は「太陽を描くのに、何色のクレヨンを使ったらいいでしょうね」と話しはじめます。紙を破り、選択肢を書きます。「緑色のクレヨン？」一方の紙に「緑色」と書いて、綴りを読み、言葉を発音し、デビッドの前でその紙を振ります。「それとも、黄色のクレヨン？」他方の紙に「黄色」と書いて、綴りを読み、言葉を発音し、その紙もデビッドの前で振ります。それ以外にもデビッドの知識を調べるために、曜日、カレンダーの月、数字など他の事柄を試してもよいでしょう。調べることは、たくさんあります。選択肢を使ってデビッドの個人的な意見について聞くこともできますが、生徒の信頼を得るまでは控えます。

感覚アクティビティ

指導者はデビッドに「ずっとその姿勢で、あなたの足、痛くなったのではない？　私はずっと立って背中を曲げているので、足が痛くなってきたわ」と話しかけます。

質問する

指導者が「このままずっと……」と言って紙を破り、「立つ？」という選択肢を声に出して言いながら書きます。綴りを言い、言葉を発音し、「立つ」と書かれた紙を振ります。「それとも、座る？」というもう一つの選択肢を書きながら、綴りを言い、言葉を発音して、「座る」と書かれた紙を振ります。デビッドが「立つ」の紙を選んだ場合は、立ったままレッスンを続けます。「座る」を選んだ時は、椅子を持ってきて、デビッドに座るように勧めます。体を椅子の方向に押して座らせようとしてはいけません。そうすることで、デビッドが再び服をつかんでくる可能性があるからです。デビッドが座ろうとしない時は「立っている方がいいのですか？」と質問し「座る？　それとも立つ？」と言いながら二枚の紙に選択肢を書き、綴りを言って、デビッドの利き手の前で紙を振ります。このような、望ましくない行動（座るべき時に立っていること）に対しては、叱ることなく対処します。

デビッドは、正解の紙を選ぶという手の動きを覚えましたが、それも次回のレッスンに来た時にはおそらく忘れているでしょう。しかし、RPMレッスンで繰り返し練習を続けていくことで、神経経路が作られ、先々のレッスンはデビッドにとっても指導者にとっても楽になります。というのは、新しい経験から受ける刺激によって、シナプスを通して二つの神経細胞が伝達授受するようになるからです。さらなる刺激（練習と学習）で神経細胞がタンパク質を作り、このタンパク質がシナプスを結合して、記憶を定着させるのです。**練習を重ねるうちに、こうすれば学べるのだという記憶がしっかりと刻み付けられるようになります。**また指導者は、教授法を知るだけでは不十分だということを理解する必要があります。レッスンがうまくいき、生徒が効果的に学べるようになるには、練習が必要です。これは指導者、生徒の両方にいえることです。

【RPMと行動療法的アプローチのテクニックの違い】

行動療法的アプローチは「髪の毛を引っ張るのをやめなさい」といったように命令的ですが、RPMでは、望ましくない行動についての話題を、レッスンの一部に取り入れます。衝動的な気持ちから、論理的な思考へと切り替えさせるのです。例えば「髪の毛を引っ張られると、どうなると思いますか？　痛いですか、それとも雨が降りますか？」と生徒に問いかけます。このように聞かれると、生徒は何をするのが正しいのか自分で考えることになります。そして、衝動的な気持ちが弱まっていくのです。

4. ロビー：5歳　発語の無い運動感覚型の学習者

四人目の生徒は、ロビーという落ち着きの無い5歳の男の子です。感覚経路を絶え間なく使って、彼はきまったパターンを作りながら動き回っています。机の下にもぐりこみ、椅子の周りを移動し、ソファの上を歩き、父親の肩に触って、また机の下に戻ります。途中で邪魔されると、不満のあまり叫びだします。ロビーは周囲をしっかりと見ることができます。**彼は環境的視覚を持つ、運動感覚型の学習者です。**

動き回るのが好きな小さな子どもを教える時は、部屋の角に座らせ、すぐ前に机を置いて子どもがそこから逃げ出せないようにします。

> **運動感覚型の学習者が素早く動いている場合、感覚アクティビティを使い、その速いペースに対抗する必要があります。**

RPM レッスンの目的

1. 「何を選ぶか」と「どうやって選ぶか」を、ロビーに教える。
2. アルファベット、数のかぞえ方、わらべ歌など、5歳の子どもが知っているべき事柄を教える。

具体的な目標

1. 興奮性の運動感覚的刺激を好んでいるロビーが、主要なチャンネルである視覚、聴覚を使うように方向転換させる。
2. 「教えて質問する」方法を使い、「何を選ぶか」と「どうやって選ぶか」を教える。
3. アルファベットと数字（まだ知らないようであれば）を教える。ロビーは、周囲を見てばかりいて机の上を見ないので、教える際には彼の触覚チャンネルを使う。
4. ステンシルを使い、アルファベットのなぞり方を教える。なぞることで、字の書き方を覚えさせる。

レッスンを始めるにあたり、ロビーを部屋の角に座らせます。指導者は、ロビーの右隣りで机に向かいます。

> **生徒の右側から教えるようにしましょう。指導者の声によって、生徒の左脳が刺激されるからです。**

【指導の内容】

ねらい 1

初回のRPMなので「教えて質問する」方法を用います。

感覚アクティビティ

まず指導者は「あなたは、座っています」と言います。

質問する

ロビーはRPMで教わるのは初めてです。指導者は「あなたは……」と言いながら、紙を二枚に破ります。そこに「S-I-T-T-I-N-G……SITTING（座っています）」と、「J-U-M-P-I-N-G……

JUMPING（ジャンプしています）」と一文字ずつ綴りを言いながら書き、次に言葉としてそれぞれを発音しながら、質問します。まだ5歳のロビーに鉛筆を渡して彼がどう反応するかはわかりません。他の感覚に注意を向けていたいために、鉛筆を投げたり落としたりするかもしれません。その場合はロビーの手を取り、鉛筆で正解を囲ませます。そして「あなたは『座ります』を選びました」と言います。一緒に正解を囲むことによって「どうやって選ぶか」を教えているのです。こうするのは、ロビーが鉛筆を持てない場合に限ります。

ねらい2

「教えて質問する」方法を続けます。

感覚アクティビティ

指導者が「あなたは、椅子に座っています」と、言います。

質問する

指導者は声の調子を変えずに「あなたは……」と話しはじめます。そして紙を破り、選択肢の綴りを言い、言葉を発音します。「B-A-L-L……BALL（ボール）、それとも、C-H-A-I-R……CHAIR（椅子）に座っていますか？」前回と同じように、ロビーと一緒に正解を囲みます。こうすることで、神経経路がさらに形成され、何をすべきかがわかるようになるのです。まだロビーが自分で正解を囲まないようであれば、もう少し続けて「教えて質問する」を繰り返します。何回か繰り返した後には、一人で正解を選ぶようになるでしょう。

5歳のロビーが字を読めない場合、この方法は使えるでしょうか？　どのように正解を選ぶのでしょうか？　字が読めなくても、まだアルファベットを知らないとしても、ロビーは指導者が選択肢を読み上げる声を頼りに正解を選ぶことができます。指導者は、選択肢を机に置いた後、それらをトントンと叩きながらもう一度声に出して読むことで、それぞれの選択肢の場所を知らせるのです。このテクニックは、ロビーが机を見下ろさない時にも役立ちます。

ねらい3

生徒の聴覚に訴えるために、声の調子を変えます。5歳の子どもがよく知っている「ABCの歌」を歌います。

感覚アクティビティ

指導者は「A-B-C-D-E-F-G……」と、歌います。

質問する

指導者はもう一度歌います。「A-B-C-D」まで歌ったところで止め「EFG、それとも123？」と聞きます。二つの選択肢を紙に書き、ロビーの前に置きます。ロビーは指導者と一緒に練習をしたので「どうやって選ぶか」を知っています。そこで、ロビーが選ぶ動作を始めるプロンプトとして、鉛筆を手渡します。鉛筆で気が散らないようにするために、ロビーが正解を囲んだらすぐに鉛筆を取り上げます。

ねらい4

生徒がABCの歌を知っているかどうかを確かめます。

感覚アクティビティ

指導者は、続けて「H-I-J-K」と歌い、そこで止めます。

（**レッスンプランで一番大切なのは、感覚アクティビティです。**生徒が学ぶか学ばないかは、感覚アクティビティをどのように行うかによって決まります。レッスンを面白くできなければ、効果的に教えることはできません)。

質問する

指導者は「その次は何でしょうね」とロビーに問いかけ、二枚の紙に「ABCD」「LMNOP」と書きます。次は「A-B-C-Dですか、それとも、L-M-N-O-P？」と質問します。

指導者は自分なりに工夫しながら感覚アクティビティを面白くして、ABCの歌をすべて終わらせても良いでしょう。またはABCの歌の後に、アルファベットの文字を教えてもいいでしょう。ロビーに一ヶ所を見ることができる局所的視覚がある場合、指導者は彼の前に学習用紙を置いて「『A』はこう書きます、そして『B』はこう書きます」というようにし、C, D, E……と続けます。ロビーが上を見たり、周囲を見渡したりして、より大域的な視覚を持っている様子の時は、指導者がロビーの手首や手のひらに指でアルファベットを書き、触覚を使った教え方をします。

ねらい5：局所的視覚を持つ生徒の場合

局所的視覚を持つ生徒は机の上の物をよく見ることができるので、生徒の目の前で学習用紙にアルファベットを書きます。

感覚アクティビティ

「これがAです。AはA-P-P-L-E……APPLE　（りんご）のA」と言いながら、Aと書いて見せます。

質問する

指導者は「Aはどう書きますか？」と質問します。「A」と一枚の紙に書き「A？」と聞きます。もう一枚の紙に「D」と書き「それとも、D？」と聞きます。そして答えるためのプロンプトとして、ロビーに鉛筆を渡します。ロビーが答えを選んだら、鉛筆を取り上げます。「Aは、BALL（ボール）のA？」と聞いて「BALL」と紙に書きます。「それとも、APPLE（りんご）のA？」と聞き、「APPLE」ともう一枚の紙に書きます。ロビーが答えを選んだら、ステンシルのAを学習用紙になぞり書きするのを手伝います。

引き続き、同じように他のアルファベットを教えます。

ねらい6：大域的視覚を持つ生徒の場合

大域的視覚の生徒は机の上を見ることができないので、指導者は触覚を利用して教えます。

感覚アクティビティ

指導者は、指や鉛筆についている消しゴムの部分で、アルファベットのAをロビーの手首に書きながら「こうやってAと書きます。A-P-P-L-E……APPLEのAです」と教え、Aの形を感じてもらいます。

質問する

指導者はロビーの手首にもう一度Aと書き「私は何と書きましたか？」と尋ねます。紙を二枚に破り、片方に「CIRCLE（丸）？」と聞きながら書き、もう片方には「A」と書き「それとも、Aですか？」と質問し、ロビーに鉛筆を渡します。ロビーの視線が机に向いていない場合は、選択肢の紙をトントンと叩き、どこにあるか知らせます。ロビーが答えを選んだらすぐに鉛筆を取り上げます。鉛筆で気が散らないようにするためです。次に「AはHOTの最初の文字ですか？」と聞き、HOTの綴りを言いながら紙に書きます。
「それとも、APPLEの最初の文字ですか？」と言い、APPLEの綴りを言いながら紙に書きます。ロビーに鉛筆を渡し、答えを選んだらすぐに取り上げます。鉛筆は答えを選ぶために使うのだとわからせるためです。

または、ロビーの手を取ってステンシルのAをなぞるのを手伝います。

生徒が局所的視覚を持っていても、大域的視覚を持っていても、レッスンで教える内容は同じです。違いは、指導者がどのような感覚アクティビティを行うかです。RPMのレッスンでは、生徒にあわせて教え方を変えるという例でもあります。

他にも、教えることはたくさんあります。レッスンが上手くいくかどうかは、感覚アクティビティを通して指導者がどれだけ上手に教えられるかにかかっています。

RPMのレッスンが成功するかどうかは、生徒によって決まるのではありません。指導者によって決まるのです。また正解や間違いの数が、レッスンの成否を左右するわけでもありません。生徒が使える学習チャンネルに応じて、その生徒が学ぶのに最適なレッスンができれば成功だと言えるのです。適切な方法で教えなければ、生徒は学ぶことができません。レッスンを成功させる責任は、指導者にあるのです。

5. エリン：無発語の10代後半の生徒

17歳のエリンにとってRPMは初めてなので、レッスンで何が起きるかわかりません。エリンは暗記した文章を言うことができますが、言葉を発する時に省略します。

例えば「tomorrow（トゥモロー）」と発音すべき語を、短く「to-row（トロー）」と縮めて発音するのです。エリンが言えることは限られており、それらは何かを求めている時に使う表現です。エリンはレッスンが始まるやいなや「休憩したいの」と言いはじめました。

指導者はエリンの年齢を考え、17歳を相手にする時のように話すよう心がけましょう。それにより、エリンも年齢に合った感じ方や振る舞いをするようになります。

エリンは感覚が極端に刺激されると、激しく怒り出すことがあります。大域的視覚で、周囲をよく見ることができます。同時に、選択的な局所的視覚もあり、近くにあるものを見ることもできます。ですが年齢が高いので、運動制御力は柔軟性に欠け、新しいスキルを教えるのは難しいかもしれません。エリンの聴覚チャンネルは、指導者の話を聞いている状態での局所的なモードから、「休憩したい」という自己刺激的こだわりの発語としての、自らの声に耳を傾ける状態に変わってしまうかもしれません。

エリンの発語は限られています。視覚は大域的ですが、時に選択的になることもあります。

彼女が誰かの目をじっと見ている時の選択的視覚を使う時は、それが興奮性の自己刺激になっている可能性が高いでしょう。エリンは、近くで聞こえる話し声は嫌がりません。また興奮して何かを言うことがあり、それがエスカレートして怒り出すこともあります。

年齢が高い生徒が初めてRPMを経験する場合、嫌がって抵抗する可能性があります。エリンの場合は、指導者が少し右寄りの背後に立って教えるのが良いでしょう。何も無い壁に向かってエリンを座らせ、目に見えるもので学習から気が散らないようにします。

指導者が立ったまま教えるのは、感情が高ぶったエリンが突然振り向き攻撃してきた場合に、その場からすぐに動けるようにするためです。

RPMレッスンの目的

1. 「何を選ぶか」と「どうやって選ぶか」をエリンに教える。
2. 会話形式で、生徒の年齢にあわせた教え方をする。

具体的な目標

1. エリンに興奮性の視覚的自己刺激行動が見られた場合、代わりに聴覚を使わせる。こうすることで、視覚的自己刺激行動が鎮まり、ストレスを感じずに学習を再開することができる。
2. 「何を選ぶか」「どうやって選ぶか」を学ばせるために「教えて質問する」方法を用いる。

   エリンのいる環境や、周囲にある事柄について話します。

   エリンの知識に、教わっていなかったことや、さらに説明が必要なことがあれば、その中から一つを選んで今回のレッスンで教えることもできます。例えば足し算や引き算への理解を深めさせることなどが考えられます。

【指導の内容】

ねらい1

年齢が上の生徒が初めてRPMのレッスンを受ける際は、天気の話から始めるのが一つの方法です。

感覚アクティビティ

指導者が「今日は暑いですね」と言います。

質問する

指導者が「どう思いますか？　H-O-T……HOT　暑いですか？」と質問します。そして紙を破り、

「暑い」と書きます。「それとも、C-O-L-D……COLD　寒いですか？」と続け、もう一枚の紙に、「寒い」と書きます。エリンに鉛筆を渡し、「答えに丸をつけてね」と言います。エリンが答えを選んだら、鉛筆を取り上げます。

感覚アクティビティ

「私は夏だから、暑いのだと思います」と、指導者が自分の考えを言います。

質問する

次に「なぜ暑いのでしょう？」と問いかけます。紙を破り「それは夏だから？　それとも月曜日だから？」と聞いて、言葉の綴りを言いながら二つの選択肢「夏」と「月曜日」を書きます。それぞれの言葉を発音し、その紙をエリンの前に置きます。この時、利き手を中心にして同じ距離に置くようにします。鉛筆を渡し、エリンが答えを選んだらすぐに取り上げます。

ねらい 2

今回は、天気についてのエリンの知識を調べます。エレンの年齢にあわせ、会話形式で天気の話を続けます。

感覚アクティビティ

指導者が「夏という言葉は私の大好きな言葉の一つです」と言います。

質問する

「夏とは何のことだと思いますか？　物の形でしょうか？」「それとも季節のことでしょうか？」と問いかけます。指導者は再び紙を二枚に破り、選択肢の言葉を声に出して綴りながら書き出します。鉛筆を渡し、エリンが選んだらすぐに取り上げます。

〈エリンが手をまったく動かさず、答えを選ぶことを拒否した場合の対応〉

指導者はエリンに「質問の答えを聞いた後は、このように簡単すぎる季節のことで質問はしない」と伝え、安心させる必要があります。このような質問をしたのは、指導者の声に慣れてもらうためだったと説明します。通常このくらいの年齢の生徒には、高圧的でなく、普通の会話のように説明すれば、指導者の意図を理解します。指導者はもう一度エリンに鉛筆を渡し、答えを選ぶよう促します。

ねらい 3

エリンが話したいと思うトピックを選んでもらいます。

感覚アクティビティ

指導者は「何について話をしたいか、あなたに選んでもらいましょうね」と言いながら、紙を破ります。

質問する

「このまま天気の話をしたいですか？」と問いかけながら「天気」と書き、綴りを言い、その言葉を声に出して読みます。「それとも、新年について話しますか？」と聞いて「新年」と書き、綴りを読み、言葉を発音します。

エリンが「天気」を選んだ場合は、天気の話を続けます。エリンが「新年」を選んだ場合は、エリンがトピックを変えたがっているということです。初めてのレッスンなので、エリンの信頼を得るためにも、エリンにレッスンのトピックを選んでもらうのです。

ねらい 4

いろいろな感覚アクティビティや質問をしながら、新年についての話をします。会話のようにするためには、一つの感覚アクティビティにつき、二つかそれ以上の質問をします。

感覚アクティビティ

指導者は白紙をエリンに見せて、「この紙を『新年』にまつわる言葉で埋めましょう」と言います。これから行うアクティビティに向けて、エリンの心の準備をしてもらうために、改まった口調で言うようにします。

質問する

「新年のお祝いをする月は……」と言いながらその文章を書き、エリンに次にくる言葉を選ぶように言います。指導者が別の紙を破り、選択肢となる言葉を書き、綴りを言った後でその言葉を発音します。「J-A-N-U-A-R-Y……JANUARY　一月？　それとも、M-A-R-C-H……MARCH 三月ですか？」 エリンに鉛筆を渡して、正解を選ばせます。エリンが正解を選んだ場合、「その通りです」とさりげなく褒めて、そのまま続けます。

「大正解！」というような大げさな言い方は、エリンを興奮させてしまうので避けるようにします。エリンが不正解を選んだ場合、指導者が「新年のお祝いをする月は、一月です。もう一度、やってみましょう」と言います。

「新年のお祝いをする月は……。二月ですか？　それとも一月ですか？」と問いかけ、選択肢を紙に書きます。次に「新年のお祝いをするのは一月の……」と言いながら、その文章を書きます。「この次にくるのは？」と言って別の紙を二枚に破り、「1 日」「18 日」と書きながら、それらの言葉を声に出して言います。エリンに鉛筆を渡して答えを選ばせ、すぐに鉛筆を取り上げます。

指導者が「今年は2008年です。来年は……」と、その言葉を言いながら、紙に書いていきます。新たに破った一枚の紙に「1976年」と書き、もう一枚に「2009年」と書き、それぞれの年を声に出して言います。「お正月の挨拶は……」と言ったあとで、また一つひとつを声に出しながら、文を紙に書きます。そして「明けましておめでとう？　それとも女王陛下万歳？」と選択肢を書きます。エリンに鉛筆を渡して答えを選ばせ、すぐに鉛筆を取り上げます。

ここでエリンに、このまま新年の話を続けたいか、それともトピックを変えたいかどうか、聞いてもいいでしょう。

ねらい5：新年の話を続ける場合

新年について、さらに教えます。

感覚アクティビティ

指導者は「アジアに、日本という国があります」と言って、「アジア」「日本」と書きます。

質問する

「どの国の話をしていますか？　J-A-P-A-N……JAPAN　日本？　それとも、M-E-X-I-C-O……MEXICO　メキシコ？」と問いかけ、紙を二枚に破り「日本」「メキシコ」と、綴りを言いながら書きます。鉛筆を渡し、エリンが答えを選んだあとに取り上げます。

感覚アクティビティ

指導者が続けて「日本人は、お正月に年齢を重ねることを祝いました」と言います。

質問する

指導者は「日本人はお正月に（　　　　　）を祝いました」と言って、エリンの目の前にある用紙に、空欄を含む文章を書きます。そして「カッコにはどちらの言葉が入りますか？　ゴルフ？　それとも年齢を重ねること？」とエリンに質問します。指導者は別の紙を破り、それぞれの言葉の綴りを言いながら書き、それらの言葉を発音します。エリンに鉛筆を渡して選ばせます。

ねらい6

「年齢を重ねること」という言葉に関連付けて、数の話をします。

感覚アクティビティ

「次の話題は、誕生日についてです」と言います。

質問する

「次の話題は、(　　　　　)です」と言いながら、その文章を新しい学習用紙に書きます。別の二枚の紙に、「B-I-R-T-H-D-A-Y-S……BIRTHDAYS　誕生日？　それともW-O-R-K-D-A-Y-S……WORKDAYS　働く日？」と、選択肢の言葉の綴りを声にだしながら書き込み、エリンに問いかけます。選ぶ動作のプロンプトとして、エリンに鉛筆を渡します。

次に、「トムは5歳です。来年になったらトムは……24歳になりますか？　それとも6歳になりますか？」と聞き「24」と「6」の選択肢を別々の紙に書き、エリンに鉛筆を渡します。(RPMを始めたばかりのエリンが正解を選びやすいようにするため、選択肢は「7」と「6」のようにせず、「24」と「6」のように、大きく違う数字にします。RPMでは、食べ物やシールなど、ご褒美になるものは使いません。正解を選ぶことに成功すれば、それがさらなる成功への動機になるのです。

指導者はさらに「ベンは24歳です。2年後にベンは(　　　)歳になります」と言いながら、紙に書きます。そして別の二枚の紙に、選択肢を書きます。今回は二つの数字をもう少し近づけます。「26？　それとも29？」 エリンに鉛筆を渡し、エリンが答えを選んだあとに取り上げます。

〈エリンが不正解を選んだ場合の対応〉

エリンが足し算と引き算をまだ習っていなければ、当てずっぽうで答えるかもしれません。その場合はステンシルを使い、視覚と触覚を通して足し算と引き算を教えます。

ねらい 7

エリンに足し算と引き算の概念を理解させます。

年齢が高い生徒を教える場合、私はいつも足し算と引き算を一回のRPMレッスンで教えていますが、数直線を使って教えるのが最良の方法です。以下の例では、数直線のかわりに数字のステンシルを使うことにします。

感覚アクティビティ

大きなサイズの数字のステンシルを、エリンの目の高さ、視線の方向に掲げます。エリンの手をもって鉛筆を一緒に握ります。そして一緒に数字の3を触ります。「今、数字の3を指しています。3に2を足す時、3＋2と書きます」と言いながら、用紙に3＋2と書きます。「答えを出すには、3の場所から右側に1、2、とかぞえれば良いだけです」と教えます。指導者が「1、2」とかぞえながら、エリンと一緒にステンシルの4、そして5へと鉛筆を動かします。そして「3

＋2＝5」と言い、エリンにステンシルの5をなぞらせます。続けてステンシルをエリンの視線の高さに掲げます。再び鉛筆で3に触れ「もう一度、3から始めます。3から2を引く時、3－2と書きます」と説明します。そして指導者は「3－2」と学習用紙に書き「答えを出すには、3から左側に二つかぞえます」と教えます。「一緒にかぞえましょう。1、2」と声に出し、エリンと一緒にかぞえながら、ステンシルを2、1、と鉛筆で触って、3－2の概念を教えます。

質問する

指導者はその後、すぐに質問をします。「鉛筆はどの数字で止まりましたか？　9、それとも、1？」紙を二枚に破り、それぞれの紙に「9」と「1」を書きます。エリンに鉛筆を渡し、正解を示すように言います。

次の例では、同一のセッションで、別の感覚アクティビティを使い、足し算と引き算の概念を教えます。

6. カート：13歳の高機能自閉症　知識はあるが授業にうまくついていけない

カートは自閉症ですが、話をすることができます。まれにいる幸運な「高機能自閉症」という診断を持つ男の子です。いったいカートは、どんな問題を抱えているのでしょうか。

カートは、ディズニーの本を何冊も持ち込み、待合室に座っています。私は事前に「カートは授業についていけず、特に数学が苦手です、時々『やめろ！』と叫んでしまい、授業を中断させてしまいます」と聞かされていました。カートは喋ることはできても、会話に参加しないのです。授業についていけない状態では、支援学級に移されることになります。

カートのような生徒の場合、**答えるべき瞬間に頭の中から正しい概念や答えを取り出すことが困難で、**間違ったことを言ってしまいます。自分がすぐに欲しいものや必要なもの以外について聞かれた場合は、特にそうなります。使っている学習チャンネルが視覚だけの場合、見ているものと言語的な解釈とを組み合わせるという作業が難しいことが時々あります。

このような生徒は、名詞を使う学習はよくできるのですが、具体性や明確性がない抽象的な内容は苦手で、持っている知識を使って答えを導き出すことができなくなります。そのため、高学年の授業で求められるような解答とは、かけ離れた答えを言ってしまいます。必要な瞬間に正しい答えが出てこないと彼らはイライラし「疲れた！」とか「やめろ！」と言ったり、あるいはまったく関係のない暗記したフレーズを言ったりするのです。

このような生徒たちには、ある程度の話し言葉と社会スキルがあるため、一般学級でも低学年では授業についていくことができます。しかし高学年になり、教科書の内容が絵から言葉中心になるにつれ、困難になります。一般教育では、教科書を読みながら内容を頭でイメージすることが必要になります。しかし思考の仕方が違う人にとっては、文字は文字にしか見えず、文字を見てその文字が意味する絵を思い浮かべることができないかもしれません。例えば「453×45＝　」というような3ケタの掛け算ができる生徒が「6人の兵士がいます。それぞれの兵士が勲章を12個もらったら、勲章の合計はいくつでしょう？」というような文章問題を見た時に、掛け算の知識を使えなくなってしまうことがあるのです。

このような違いを3、4、5年生くらいのあいだに発見し、RPMのレッスンを始めることができれば、大抵の生徒は学校の勉強につまずくことなく、引き続き一般学級で学ぶことができます。

RPM レッスンの目的

1. 正しいタイミングで正しい答えを考え出す方法を教える。
2. 以前に覚えた算数の知識を使って、答えを理論的に出す、ということを教える。

具体的な目標

1. 文章問題を見た時に緊張せずに解けるよう、文章問題への理解を深める。
2. 以前に覚えたことを、他の状況で応用できるようにする。

【指導の内容】

ねらい1

カートの信頼を得るために、レッスンの始めに「できた」と思ってもらえるようにします。このレッスンは、カートがすでに知っている内容を元に進めます。

感覚アクティビティ

新しい学習用紙を用意し、カートがよく知っている「7×6＝__、4×3＝__、4×9＝__、12＋__＝20、9－__＝2」などの数式を書きます。カートは掛け算ができるので、まずこのような数式を書いて安心させます。

質問する

数式を書いた後に「ウォーミングアップに、この計算を全部してみましょう」と指導者が言います。これらはカートには易しい計算であり、自分一人で書くこともできるので、全ての計算を簡単に終わらせることができます。

ねらい2

足し算を応用する方法を見せて、推論することを教えます。

感覚アクティビティ

新しい学習用紙に「2＋5＝__」と書きます。

質問する

「答えを書いてもらえますか？」とカートに聞いて、鉛筆を渡します。カートが答えを書いたら、鉛筆を取り上げます。鉛筆を持っていることで気が散らないようにするためです。

感覚アクティビティ

「そうですね。2＋5は7です」と言います。そして「2＋5」のすぐ下に「20＋50」と書き、二つの式が似ていることがわかるようにします。

質問する

次に指導者は、「2＋5は7であれば、20＋50はいくつ？」と尋ねます。カートに鉛筆を渡し、答えを書かせます。カートが正解を書いた場合は、次の計算に移ります。答えを迷っているようであれば、選択肢を二つ与えて選ばせます。はじめのうちは、「21と70」のように、二つの数字が大きく違うようにします。21という答えは正解からかけ離れているので、カートは消去法で70を選ぶでしょう。後に「60と70」のように、二つの数字を似通ったものにします。

感覚アクティビティ

学習用紙にある「20＋50＝70」の式のすぐ下に「200＋500＝__」と指導者が声に出しながら書きます。

質問する

「2＋5＝7、20＋50＝70、それでは、200＋500はいくつでしょうか？」と聞き、カートに鉛筆を渡します。迷わずに正解を選べたら、次に進みます。カートが迷ったら、二つの選択肢を与えます。「45ですか？　それとも700ですか？」カートに鉛筆を渡し、答えを書かせます。

ここに挙げた例は2＋5という式ですが、もっといろいろな数字を使ってさらに練習させることができます。

ねらい3

引き算の際に、すでにある知識を新しい計算に応用するということを教えます。

感覚アクティビティ

今度は「9－8＝__」という引き算の例を、声に出して言いながら学習用紙に書きます。

質問する

「9－8を解くのを手伝ってくれますか？」と、問いかけます。鉛筆を渡し、カートが答えを書いたら取り上げます。

感覚アクティビティ

「9－8＝__」と書かれた下に「90－80＝____」と書きます。

質問する

「9－8＝1です。それでは90－80はいくつですか？　1・0……10、それとも2・8……28？」と言って、紙に書いた選択肢を見せます。「1・0」と言うのは、カートが9－8の答えである「1」と「10」を関連付けられるようにするためです。

感覚アクティビティ

「90－80＝____」の下に「900－800＝____」と書きます。

質問する

指導者は声に出して「9－8＝1、90－80＝　1・0……10。それでは900－800は、いくつでしょうか？」と聞きます。カートが迷った場合は「前の答えと同じように、10ですか？それとも、1・0・0……100ですか？」、のように言うと良いでしょう。そして、10と100の選択肢を紙に書きます。

ここでは一つの例をあげましたが、例えば、5－3、50－30、500－300のように、もっと違う数字を使ってさらに練習させてもよいでしょう。生徒が迷っている場合には、生徒の注意がそれなければ、二つか三つの選択肢を与えましょう。選択肢を与えることで、答えをより早く出すことができるので、生徒はストレスを感じずにすみます。答えが楽に出るようになれば、選択肢を徐々に使わなくすることができます。

ねらい4

掛け算と割り算で、すでにある知識を新しい計算に応用するということを教えます。

感覚アクティビティ

指導者が学習用紙に「7×5＝____、70×5＝____、700×5＝____」と書き、声に出して「70は7の十倍。700は7の百倍」と言います。

質問する

指導者が「7×5＝35は知っていますね。それでは、70×5はいくつですか？　70×5は68？　それとも350？」と問いかけます。選択肢を書き、カートに答えを書かせます。「700

×5はいくつになりますか？」と質問し、選択肢を書きます。「3500？　それとも35ですか？」と言って、カートに鉛筆を渡します。

他の数字を使ってさらに掛け算の練習をさせ、同様に割り算も教えます。そのあとで、次のように計算方法を選ぶという練習に移ります。

ねらい5

文章問題を読んで「足し算、引き算、掛け算、割り算」のどの計算を使うのかを考えることを教えます。ここが、カートが学校で苦労している部分です。

感覚アクティビティ

指導者は「本が10冊あります」と言って、学習用紙に長方形を10個描きます。「一冊の本の中に、六つの物語があります」と、絵を描きながら話し続けます。そして、各長方形の中に数字の6を書きます。カートは視覚型学習者なので、このようにすることで理解しやすくするのです。

質問する

「10冊の本で、いくつの物語があることになりますか？　この計算をするには、10＋6、10－6、それとも10×6ですか？」と尋ね、三つの選択肢を三枚別の紙に書きます。説明の絵を見た後なので、カートはおそらく正しい選択をすることができるでしょう。

> **話ができる生徒に、私はなぜ紙に書いた選択肢を見せるのでしょうか？　紙に書かれた選択肢を見ることは、生徒が集中し、適切なタイミングで正しい情報を取り出すのに役立ちます。紙に書かれたものがないと、生徒は正しい情報を求めて自分の頭の中を探し続けます。正解が思いつかなければ、最後に言われた言葉を選択して、オウム返しをしたり書いたりすることもあります。**

第13章

より良いレッスンにするために

RPMでは、生徒の学習チャンネルを使うことで、どのような内容でも教えることができます。ただしRPMレッスンには、成功させるために気を付けなければならない七つのポイントがあります。

1. 興奮性の自己刺激行動を取り除きましょう

レッスン中に生徒が過剰に興奮している場合は、指導者は興奮性の刺激を与えてはいけません。ただでさえ興奮状態にある生徒にさらに刺激を与えると、火に油を注ぐことになり、学習ができなくなります。例えばクリスが本に載っている馬の絵を見て、過度に喜んでいる、または感情的に反応しているとします。この場合、指導者はその絵に対しての自分の感情を表さないように気をつけて、代わりにクリスがその絵の何について面白がっているのかを細かく分析しながら、理性的に話すようにします。

クリスが自由な返答ができる段階に達していなければ、選択肢を使ってクリスが何を面白いと思っているのか聞き出す必要があります。指導者は「この馬のどういうところが面白いのですか？　馬の目ですか？　それとも別の何かですか？」と尋ね「目」「別の何か」という選択肢を書き、クリスに選ばせます。クリスが「目」を選んだ場合「馬がこちらをじっと見ている様子が面白いですか？　それとも目の形が面白いですか？」とさらに質問し「じっと見ている」「目の形」と書いてクリスに選ばせます。

こうすることでクリスを、過度の興奮や感情的な行動の代わりに、論理的に考えるように導くことができるのです。クリスが論理的思考を始めた時点で、指導者はレッスンに移ることができます。

2. 生徒に合わせて適切な感覚アクティビティを選びましょう

適切な感覚アクティビティをすることで、より良い指導、学習環境を作ることができます。レッスンに利用する感覚アクティビティは、その時に生徒が使っている学習チャンネルに合わせて決めます。

ジャックの視覚は環境的、あるいは大域的なので、机の上にある教材を見ることができません。ですから、指導者は視覚を必要とするもの（図）を紙に書くことはしません。その代わりに、次の三つの方法のいずれかを使います。

1) 指導者の指、または鉛筆についている消しゴムで、ジャックの手の甲に簡単な図を描き、彼の触覚を通じて図の形を感じさせます。
2) ジャックの手を取って、図を書かせます。視覚に頼るのではなく、触覚チャンネルを使うのです。この場合の目的は、図の書き方を教えることではなく、開かれている触覚チャンネルに入っていくことです。
3) 図をジャックの目の高さまで持っていき、ジャックの手を取り、触れさせます。それが本の中の複雑な図だとしても、この方法はジャックの視線を図に向けるのに役に立ちます。指導者はそのあいだ、図についての説明をし続け、ジャックの視覚、聴覚、触覚チャンネルを統合します。

3. 生徒の学習チャンネルを見極めそれに合わせてレッスンを調整しましょう

学習チャンネルを見極める最良の方法は、生徒の自己刺激行動を観察することです。レッスン計画は、それに応じて調整します。

指導者は生徒の自己刺激行動と競わなければならないので、生徒に興奮性の自己刺激行動がある場合、レッスンの調整は特に重要です。そのような場合には、生徒の自己刺激行動を利用してレッスンを開始します。

例えば、ケイティがエネルギーいっぱいの状態でセッションに来たとします。過剰なエネルギーのため、感情的になり興奮しています。指導者、あるいは母親と目を合わせたことで（興奮性の視覚刺激）刺激され、ケイティは壁に頭をぶつけ始めます。ここで指導者はケイティの目を見るのを止めて、ケイティが見るべき教材が置かれた机を見なければなりません。指導者が掛け算のレッスンを予定していたとしても、最初に「気に障ることがあるのね。悲しいの、それともイライラしているの」と尋ねます。こうして頭を壁にうちつけることへの理解と受容を示すのです。

ケイティがこの時使っているチャンネルは、興奮性の視覚です。そこで指導者は紙に書いた選択肢を彼女に分かるように示さなくてはなりません。ケイティの視覚が大局的な場合は視覚範囲内に紙を掲げ、局所的である場合は紙を机に置くなど、彼女の特性に合わせた方法を選びます。ケイティが机の前に座ろうとしない場合には、選択肢を読み上げながら、それぞれの紙をひらひらと振ってみます。ケイティの**視覚**に訴えて、選択肢が書かれた二枚の紙の所在を伝えます。別の方法では、選択肢の紙を机に置き、それをトントンと叩くことで、ケイティの**聴覚**を通して注意を引き、選択肢の場所を教えることができます。指導者はケイティの感情に理解を示すために「そうね、あなたにはイライラする権利があるわ」と言います。それから、ケイティの衝動的な状態（頭をぶつける）を論理的思考に切り替えさせるために「でも、イライラした時に、私たちは頭をぶつけるべきですか。はい？　それとも、いいえ？」と質問します。この時、選択肢の紙はケイティの視野に入るように持ちます。「頭をぶつけるとどうなりますか。痛い？　それとも、くすぐったい？」と尋ねます。選択肢を紙に書き、ケイティに回答を選ばせます。

「トムは月曜日に3回くすぐられ、火曜日にはその2倍の回数、くすぐられました。トムは火曜日に何回くすぐられましたか。32回？　それとも6回？」と問いかけ、ケイティに答えを選ばせます。指導者は「そう、3の2倍は6ですね」と言います。ここで掛け算表を教えます。それから、さらに「トムは3月に6回、イライラしました。4月にはその2倍の回数、イライラしました。4月にイライラした回数は26回でしょうか？　それとも12回ですか？」といった同じような例題を続けて与えてもよいでしょう。指導者は、ケイティが正解を選んだ後で、「そうです。6×2は12ですね」と言います。一旦、ケイティが論理的な状態になってしまえば、学習を進めることができます。学習をしている時には、誰もが自然と落ち着いた気持ちになるものです。

ケイティがコミュニケーションの方法を身に着けていたならば、何が気に障ったのかをレッスンの終わりに彼女に尋ねてみても良いでしょう。コミュニケーションのための運動スキルがまだ十分でなければ、「掛け算の勉強は楽しかったですか。はい？　それとも、いいえ？」「最初にここへ来た時と比べて、今はどんな気持ちですか。もっと嫌な気持ちになりましたか？　それとも気分が良くなりましたか？」といったように、二者択一の質問をすることもできます。

4. 成功が唯一の報酬（強化刺激）です

RPMでは、食べ物やおもちゃといった報酬（強化刺激）は使いません。生徒が始めに「できた」と成功を実感することで、さらなる成功への動機につながるのです。とても重要な初期段階で、生徒に「できた」と感じさせることが**指導者**の役目です。

初期の段階で成功させるために、選択肢はあまり似ないようにします。正解を選ぶ際に、生徒に消去法を使わせるためです。

ジョナサンは、学校で20より大きな数を習っていません。RPMの最初のレッスンの目的を、

100までの数字が分かるようにすることとします。その場合、次のような教え方ができます。

> 指導者は「1・0で10。2・0で20。3・0で30」と言いながら、紙に数字を書きます。その後「40はどのように書きますか？　ネコと書きますか、それとも4・0ですか」と尋ね、「ネコ」と「40」という選択肢を紙に書きます。先ほど説明したとおり、ここでは意図的にまったく異なる選択肢にします。ジョナサンがたとえ40という数の書き方をまだ習っていなくとも、消去法を使って少なくとも数字ではない「ネコ」ではなく、正解である「40」を選ぶことができるからです。

このように、レッスンの最初で生徒に成功の体験をさせることが大切です。この方法でジョナサンが連続して正解を選ぶことができるようになったら、選択肢を二つとも数字にすることができます。

> 指導者は「2・1で21。では、25はどのように書きますか。7・3ですか？　それとも2・5ですか？」と言います。そしてさらに「5・0で50。6・0なら60。7・0で70。90はどのように書きますか。9・0と書いて90ですか、それとも7・8で90ですか」と続けます。ジョナサンが数字の組み合わせの中から正解を選べるようになったら「62はどのように書きますか？　2・6ですか？　それとも6・2ですか？」というように、選択肢をさらに似たものにできます。

成功することは必ず、さらなる成功への報酬（強化刺激）になります。

5. 生徒の興味を引くようなレッスンを計画しましょう

指導者は生徒の興味を引くようなレッスンをしなければなりません。指導者の仕事は、生徒の自己刺激行動と**競い**、実際に**刺激そのものになる**ことです。例えばリズムをつけて話したり、レッスンを活気に富んだ様子で行ったりして、生徒の聴覚に訴えます。当然ですが、生徒の年齢が高い場合は子ども扱いしないように、年齢相応の方法になるように配慮が必要です。

生徒が指導者の声をわずらわしく感じているような場合には、リズムはそのままで、小さめの声で話す必要があります。また、生徒が興奮性の自己刺激行動に夢中になっている場合は、指導者が話し方の速度を変える必要があるかもしれません。大抵の場合、興奮性の自己刺激行動を鎮めるのに一番効果があるのは、ゆっくりとした落ち着いた声です。

教える際の声は非常に大切です。指導者の声で生徒の自己刺激行動と競い、生徒が自己刺激行動にふけることなく学習チャンネルを使うように仕向けるのです。

生徒の興味を引くレッスンにするには、入念な準備を行い、授業の内容について精通していなければなりません。レッスンの準備が不十分では、指導者は生徒の注意がそれないように最適なタイミングで適切な感覚アクティビティを駆使することはできません。

例えば磁気について教える時、教科書を棒読みしただけでは退屈なレッスンになってしまいます。しかし、レッスン内容を事前に準備しておけば、より中身の濃い感覚アクティビティにすることができるのです。十分な準備があれば、紙で簡単な磁石の形を作りながら、引力・反発力・極・形状について会話のように説明をすることができ、生徒の注意を引くことができます。本書の第19章でレッスンプランの例を説明していますが、指導者が必要な戦略を習得してしまえば、どの科目のレッスンプランでも作れます。

6. 指導者の位置にも注意しましょう

生徒の運動感覚や触覚のニーズに配慮しつつ、左脳を刺激するためには、指導者の位置も重要です。レッスン中、指導者は生徒の右側に位置することが理想的です。これにより、生徒の左脳が活性化され論理的な思考をするのを助けます。生徒が年齢的に上であったり、攻撃的な傾向があったりする場合には、生徒の後ろ右寄りの位置に立って話しかけながら教えましょう。生徒が座り、指導者が立った状態で教えていれば、攻撃的な行動があった場合でも指導者がその場からすぐに離れることができるでしょう。

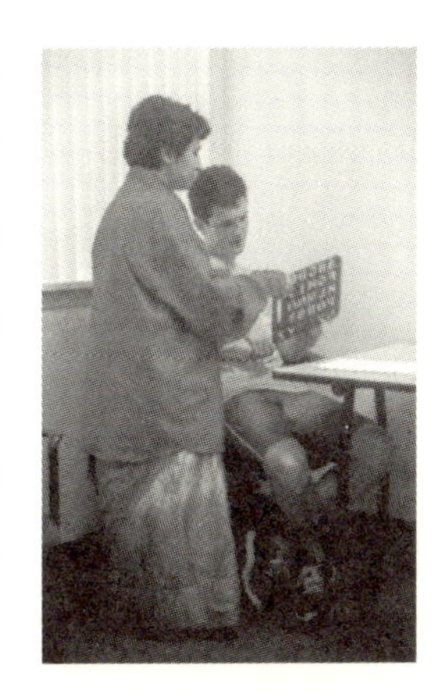

ただし、生徒が指導者の服をつかむ場合、あるいは着席を拒否する場合には、例外的に生徒の前に立って教え始めてもよいでしょう。

7. 生徒の自発的な行動を促しましょう

自閉症の人たちにとって苦手なことの一つが、自発的に行動を開始することです。このためRPMでは、**指導者が生徒に行動を開始するきっかけを与える必要**があります。

行動を促す一つの方法は、**紙を破る音で聴覚に訴える**ことです。特にRPMを始めたばかりの段階では、この方法が有効です。また、鉛筆を手渡すことは、生徒が答えを選ぶという行動を始めるきっかけになります。生徒が選択肢を選んだら、指導者はすぐに鉛筆を取り上げます。これにより生徒は**「鉛筆を渡されたら、答えを選ぶ」**ということを学習し、鉛筆を手渡されることでいつも選択肢を選ぶようになります。

第14章

応答の仕方を発展させるには

運動能力の評価をする理由とその方法

生徒の運動能力（腕や手、指などを思い通りに動かす能力）を評価することは、生徒にとって応答しやすいレッスンを計画し準備する上でとても重要です。さらに、以下のことを知っておくとよいでしょう。

1. 最初に教えるべき応答の方法

応答の仕方には、大きく分けて三種類あります。まず①二つか三つの選択肢から答えを指で指して示す、②筒状に丸めた文字盤で文字を指差して言葉を綴る、③ステンシルやラミネートの文字盤を使って言葉を綴るなどです。

ほとんどの生徒にとっては、紙に書かれた二つの選択肢から選ぶことから始めるのが一番の方法です。そこから始めて生徒の視覚、手や腕の動かし方、認知力などを考慮しながら、進めていくのがよいでしょう。

2. 選択肢はどこに置くか

大きく手を伸ばせる生徒がいれば、答えが近くになければ触れない生徒もいます。生徒が最も返答しやすいようにするには、選択肢をどこに、どれくらいの間隔を開けて置くのがよいのでしょうか？　指導者は、生徒がどのように腕と手をコントロールしているかを、よく観察する必要があります。コントロールがうまくできない生徒の場合は、生徒の手が届きやすい場所に紙の置き場所を変える必要があります。 選択肢のある場所に手をうまく持っていくことができなければ、一番近くに置いてある選択肢を答えとして選んでしまうかもしれないからです。

選択肢は、生徒の体ではなく利き手を基点にして、左も右も等距離になる場所に置きます。左利きの生徒もいれば、右利きの生徒もいます。利き手が決まっていない生徒の場合、右手を使わせるようにします。右手は左脳の機能とつながっているからです。

3. 生徒が文字盤を指して応答できるようになる時期

答えを指し示す、また答えを言葉で綴るためには、認知力にともなう運動スキルが必要です。指導者はまず、

1) 生徒は言葉を綴ることにどの程度慣れているか。答えを綴るのに必要な知識を持っているか。
2) 生徒は文字盤をしっかり見ることができるか。正確に狙いを定めて文字に触れるようなコントロール力はあるか。

という二つのポイントを評価しましょう。

文字盤には26のアルファベットがあります。これは選択肢が26あるということです。ですから、初めから26のアルファベットを見せたとしても、大抵の場合生徒の運動能力、見る能力、また認知力がついていきません。最初に文字盤から始めると、運動能力に優れる生徒でさえ、あちこちに気が散ってしまいます。文字盤にあるすべてのアルファベットを読みはじめて、視覚的に刺激されてしまう生徒もいます。文字盤を使い始めるのが早すぎると、生徒にとって負担となり、うまく答えられずイライラすることにもなります。毎日練習しながら、ゆっくりと時間をかけて文字盤の方法に移っていくのが一番です。

モーター・プラニングの問題

体を動かすための計画である「モーター・プラニング」に問題があり、思うように体を動かせない人は、視覚が不完全な場合がよくあります。視覚が不完全な人（局所的、大域的、あるいは選択的など）は、空間の中で体全体や腕・脚をうまく動かせません。自閉症を持つ人の多くに、モーター・プラニングの問題が見られます。

モーター・プラニングを困難にする理由は他に、腕の筋肉と関節のコントロールがうまくできないということがあります。肩から指先までの腕は、「肩を動かすのに使う近位筋」「肩の臼状関節」「手や指の遠位筋」「肘の蝶番関節」「手首の滑走関節」「指の付け根の関節」「指関節」など、たくさんの部分からなっています。

これらの筋肉や関節をうまくコントロールできる生徒は、手を使った作業も上手です。また、視覚がすぐれた生徒は、適切に距離感を把握することができるので、指差しなど手を使った作業をうまくこなすことができます。

RPMのレッスンでは、生徒がやりやすく、最も成功しやすい場所に**選択肢を置く**という気遣いが重要です。肩を動かすのは楽にできても手をうまく動かすことができない生徒の場合、

選択肢を身体から遠く離して、ちょうどその生徒の腕の長さくらいの場所に置かなければなりません。こうすれば、生徒が腕を伸ばした時に、手がそのまま選択肢の上に降りるような形になります。逆に腕の動きが限られ、肩から肘の部分が体の近くにあり、ほとんど動かない生徒の場合は、選択肢を身体の近くに置き、なおかつそれぞれの選択肢も近づけて置きます。こうして、答えを選ぶ際に手が届きやすいようにするのです。

両手が同じ動きになる傾向の生徒たちは、提示された二つの選択肢を両手でとってしまうことがあります。生徒が鉛筆を握ることで、どちらの手を使うべきなのか意識するために、ここでは鉛筆を使うことが重要になります。

「なぜ選択肢を三つにしないのですか？」とよく質問されます。それは、生徒が最初から難しくなって、答えられなくなるのを避けるためです。前章でも述べましたが、レッスンの初期段階で「できた」と思わせることは、RPMでもっとも大切なことです。選択肢を三つにするのは、二つの選択肢から選ぶことが十分にできるようになるまで待ちます。「できた」という気持ちが、もっと成功したいという動機につながるからです。

異なる応答の仕方について

生徒の運動能力が上がれば、二つの選択肢から選ぶところから始め、後に文字盤で答えを綴れるようになります。

〈指導者は、どのように手助けすればよいでしょうか？〉

以前の章で「教えて聞く」方法について述べました。まず指導者はレッスンの中の、一つか二つの文を声に出して言います。そして生徒に質問をし、すぐに目の前で紙を二つに破って、選択肢を書きます。前述したように、初期の頃には選択肢の数を少なくし、生徒が難しいと感じてあきらめないようにします。この選択肢は、楽に正解をだすことができます。

定型発達の人の場合「アポロ11号が月に着陸したのは、何年のことですか？　1999年？　それとも1969年のことですか?」と質問されると、大抵の人は正解を選ぶことができるはずです。なぜなら、①二つの選択肢が1968年と1969年のように近い年ではなく、大きく違う。②選択肢が1972年、1969年、1981年、のように三つまたはそれ以上はなく、二つしかないからです。

同じように、ようやく綴り始めたばかりの生徒に教える時は「BIGという言葉はどのように綴りますか？　DOGですか？　それともBIGですか？」と聞きます。

この章の始めで説明したように、選択肢は生徒の手が自然に届くところに置かなければなりません。二つの選択肢で楽に答えを選べるようになったら、三つに増やすことができます。三つの選択肢を使う例をあげます。「四月、六月、五月を順番に並べるとしたら、どの月が初めになりますか？」と聞き、これらの選択肢を三枚の紙に書いて選ばせます。運動機能が向上して三つの選択肢から選べるようになれば、次は大きいサイズのステンシルや丸めた文字盤を使って答えを綴る段階に移ることができます。

大きいサイズのステンシル

テキサス州オースチンにある「HALOクリニック」で、私が大きいサイズのステンシルで教えるのを見たことがある人もいるでしょう。一枚のステンシルには、5㎝大のアルファベットが上段に五つ、下段に五つで10個あります。過去3年間で、私はこのステンシルが非常に便利なことに気付きました。特に文字盤に抵抗を示す生徒を教える際に役立ちます。このような生徒には、鉛筆でステンシルのアルファベットをつきさすようにして言葉を綴る方が簡単なので、私は初期のRPMレッスンで、大きいステンシルを頻繁に使います。

この段階では、まず初めに紙に書いた選択肢を選ばせます。そしてその答えをステンシルで綴らせます。こうすることで、生徒がこれから綴ろうとする答えを知っていることが明らかになり、指導者は、生徒のポインティングのスキルだけに集中することができます。

筒状に丸めた文字盤

大きいサイズのステンシルがなくても、硬すぎない普通の文字盤を丸めて、文字の1列だけが見えるようにすれば大丈夫です。この段階で使う文字盤は、文字と文字のあいだが十分にあいていて、最下列の6文字をのぞいて、1列に5文字並んでいるものをお勧めします。

〈丸めた文字盤を使う事例〉

生徒に「Pig（豚）」と綴らせたい場合、文字盤を丸めて「P・Q・R・S・T」の列だけを見せます。そしてまず「P」を触らせます。次に「F・G・H・I・J」の列を見せて、「I」を触らせます。それから「G」を触らせます。

同じように丸めた数字盤を使い、数学のレッスンをします。

選択肢を、紙からステンシルや丸めた文字盤に移行する段階では、指導者も生徒も辛抱強く取り組む必要があります。この段階を飛ばしてしまうと、生徒が正確にポインティングできなくなる可能性があります。また、指導者の中にすぐにでも26文字の文字盤を使いたいという焦りがあると、生徒の腕、肘、肩などに触れて援助しながらポインティングさせてしまう危険もあります。指導者が生徒の腕などを支えるのが習慣になると、生徒は自分で手を動かし、正確なポインティングを身に着けたいという気持ちを失ってしまうかもしれません。

運動機能と目で見る集中力が向上し、誰かに腕を支えてもらうことなく生徒が自分一人でコミュニケーションをとれるようになるためには、練習を続けることが必要です。また練習中は指導者が上手にプロンプトを与えることが重要です。

大きいサイズのステンシル、または丸めた文字盤の持ち方

ステンシルまたは文字盤は、生徒の目の高さに持つようにします。指導者は常に生徒（特に手をうまく動かし文字を指すのが難しい生徒）の身になって考えるようにしましょう。練習を重ねてスキルを身に付ければ、文字盤やステンシルを机の高さまで下げることが可能になります。

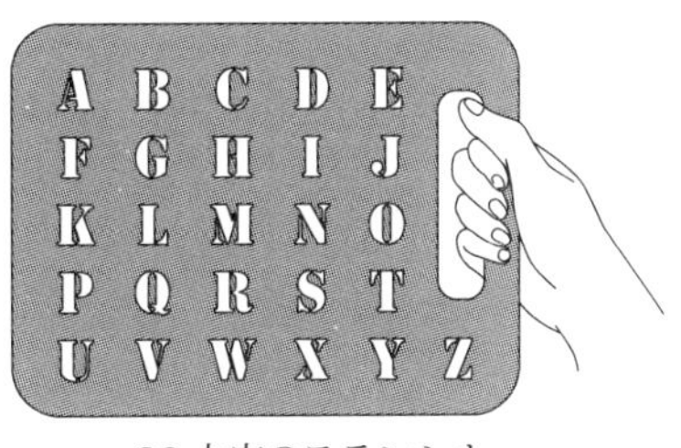

26文字のステンシル

ステンシルはそれぞれの生徒にあわせて作ってもよいでしょう。このページにあるステンシルは、文字盤の代わりに使うものです。

文字盤のアルファベットを、指をすべらせるように触る生徒や、文字と文字のあいだを指してしまう生徒は、一時的にこのステンシルを使って正確さを身に着けたほうがよいでしょう。

またステンシルは、文字をなぞることで触覚を使い、文字を「感じる」ために使われることもあります。

丸めた文字盤、大きいサイズのステンシルのどちらを使うにしても、初めのうちは生徒の目線の角度にあわせて持つ必要があります。目が慣れて、長いあいだ見ることができるようになったら、少しずつ文字盤やステンシルを下げて、最終的には机の上に置くことができます。目標は、文字盤を机に置いて生徒が自分一人でポインティングできるようになることです。

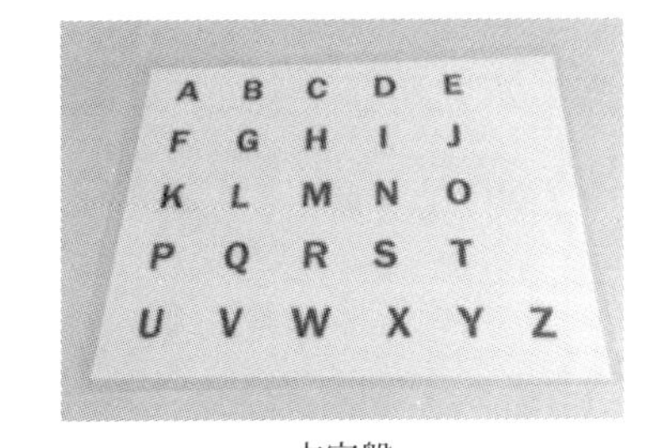

文字盤

以下は、文字をさすためのスキルを教えるレッスン指導案です。2分程度の内容なので、より長いレッスンの一部として使います。

ねらい

三つの選択肢から答えを選ばせた後に、10個のアルファベットがある大きいステンシルや丸めた文字盤で文字を綴らせます。

感覚アクティビティ

「カエルは陸の上と水の中の両方で生きています」と言いながら、学習用紙にそのように書きます。

質問する

別の紙を三枚に破り「カエルはどこで生きていますか？」と質問します。「水の中だけ？陸の上だけ？　それとも陸の上と水の中の両方？」と聞きながら、それぞれの紙に書きます。鉛筆を渡して、生徒に答えを選ばせます。そしてすぐに鉛筆を取り上げます。

スキル：大きいステンシルを使う場合

「さて、LAND（陸）という言葉と、WATER（水）という言葉を、大きいステンシルで綴ってみましょう」と生徒に呼びかけて、「L」があるステンシルを生徒の目の高さに持ちます。そして鉛筆を渡し、「L」の形の穴を鉛筆でつき刺すように言います。次に「A」があるステンシルを使い、生徒に「A」の穴を鉛筆でつき刺させます。次は「N」のあるステンシルで「N」を、最後に「D」のあるステンシルで「D」をつき刺させます。

スキル：丸めた文字盤を使う場合

丸めた文字盤の「K・L・M・N・O」の列を見せて「L」を鉛筆で触れさせます。次に「A・B・C・D・E」の列を見せて「A」を触れさせます。文字列が生徒の目の高さ、かつ手の届く範囲にあるようにしましょう。次に「K・L・M・N・O」の列から「N」を触れさせ、最後に「A・B・C・D・E」の列から「D」を触れさせます。

同じように、「WATER」という言葉も綴らせます。

注意：どの文字に触れるか、毎回生徒に言わなくてもかまいません。しかし、生徒が文字を触れたあとには、必ず指導者がその文字を声に出して言う必要があります。次の文字を触れさせるプロンプトとして「次の文字はどれですか？」と尋ねるのがよいでしょう。

この段階で練習しているのは、①正解を選ぶ　②正解（言葉）の綴りかたを覚える　③大きいサイズのステンシル、または丸めた文字盤を使って正解を綴る、という3つのスキルです。この3つが完全にできるようになって初めて、26文字の文字盤を使う練習を始めることができます。大抵の場合、26文字の文字盤を使えるようになるのには時間がかかります。ですから、このスキルはあせらずに少しずつ教えなければなりません。丸めた文字盤や大きなステンシルが使えるようになった時点で、ときには26文字の文字盤やステンシルで同じ言葉を綴らせるようにします。この時点では、生徒の視界には26文字のアルファベットが入っていて、どの文字にも手が届くという段階にあります。26文字の文字盤を「ときには」使うと言ったのは、先に述べた通り、あくまでも段階を追って少しずつ着実に使い方を教えなければならないからです。例えば定型発達者が「テニス」という新しいスキルを学ぶ時に、いきなり試合で戦ってもうまくいかないのと同じです。

定型発達者とは学習の仕方が違う生徒の場合は特に、新しいスキルは少しずつ教えなければなりません。 このことはとても大切です。初めのうちに綴らせる言葉は、一つか二つにしておきましょう。それは、丸めた文字盤や大きいサイズのステンシルに触れさせ、やがて26文字の文字盤に移行する時も生徒が大きな負担を感じないようにするためです。一度に教えようとして生徒に不安感を抱かせ、その結果、やる気を失わせることがないようにしなければいけません。

もう一つの2分間のレッスンを紹介しましょう。

目標

1. ジェームズ・マディソン（アメリカ第四代大統領。アメリカ憲法の父と呼ばれる）について教える。
2. 聞かれたことに対して正しい答えを選ぶ、というスキルを向上させる。
3. 文字盤を指して答えを綴るというスキルを教える。

ねらい

ジェームズ・マディソンの生涯について教えているところだとします。このレッスンでの目標は（マディソンの一生について教えることに加え）、ポインティングを練習し、丸めた文字盤から26文字の文字盤へと移行させることです。

感覚アクティビティ

指導者が「James Madison was the FATHER OF THE CONSTITUTION of the United States（ジェームズ・マディソンは、アメリカ憲法の父と呼ばれています）」と言いながら、主要な言葉を学習用紙に書きます。

質問する

指導者は「ジェームズ・マディソンは、________の________と呼ばれています」という空欄を含んだ文章を書きながら、声に出して言います。次に、生徒に向けて「二番目の空欄に入る言葉は、どれでしょうか？　と語りかけながら紙を三枚か四枚に破ります。「父、兄、姉、それとも母？」と言いながら、それぞれの言葉を紙に書きます。それから生徒に鉛筆を渡し、答えを選ばせます。

スキル

生徒が正解を選んだら、指導者の持つ26文字の文字盤、またはステンシル上で、「Father（父）」の言葉を綴るように言います。指導者は生徒の手の動かし方について、具体的にこまかく口頭で指導します。「肘をもちあげて。もう少し右ですよ、そうそう、Fはそこにあります。もう一度肘を上げましょう。あともう少し。次の文字は、その角で待っていますよ。そう、Aはそこですね。今度は肘をぐんと下げて……もう少し下、右側です。もう少しでTですよ」。生徒がTではなく隣の文字に触れてしまった場合「そうね、とても良く頑張ったから、それでいいことにしましょう」と言っても良いでしょう。「次は、肘をもっと高くあげて、真ん中のほうに動かして、そうです、二段目にあります。それがHです。次の文字は、ちょっと大変ね。一番上までずっと行ってね。もっと上よ。Eに届きましたね。今度は下に下がって、そう、そこにあります。Rは楽な場所にあるわね？」

口頭でのプロンプトは、生徒が一人でポインティングをする段階への橋渡しになることを覚えておきましょう。この時、**生徒の肘や手を持ってポインティングを助けてはいけません**。かわりに、口頭プロンプトをしながら、左手で「空中プロンプト」をしてみてください。

「肘をもちあげて」と言いながら、指導者が自分の肘を持ち上げてみせることで、じっと動かない生徒に肘を動かすよう促します。練習を重ねることで、これらのプロンプトも少しずつ減らすことができます。

質問する

「最初の空欄にはどの言葉が入りますか？」と質問し、選択肢をそれぞれの紙に書きます。「CONSTIPATION（便秘）、CONSTANTINOPLE（コンスタンチノープル）、それともCONSTITUTION（憲法）？」と生徒に聞いて、鉛筆を渡します。

スキル

生徒が26文字の文字盤やステンシルを使うことに疲れた様子を見せはじめたら、筒状に丸めた文字盤や大きいサイズのステンシルを使う方法に戻ってもかまいません。

生徒が疲れを見せない場合は、26文字の文字盤またはステンシルで続けます。「さあ、憲法という言葉を文字盤で綴りましょう。肘を持ち上げて、その字に触れてください。そう、Cはそのあたりですよ。次の文字は？　そうです、角にありますよ。そのとおり、そこにOがありますね。その次はすぐ隣です。Nは簡単だったわね。今度は下に下がって、もう少し下。そう、Sはそこです。」というように 、指導を続けます。

これらの練習は、指導者と生徒がともに歩んでいくプロセスだと理解する必要があります。このプロセスには、①毎日の練習を継続すること　②生徒を励ますこと　③段階をおって進む**（段階を飛ばさない）**ことの三つが欠かせません。

練習を重ねて手や腕をうまく動かせるようになったら、キーボードの使い方を教えてもよいでしょう。ただし、誰かが持った文字盤ではなく、平らな面に置かれた文字盤で、生徒が指差しによって確実に文字を綴れるようになるまで、待ったほうが良いでしょう。机に置かれた文字盤を使うことに生徒の目と手が慣れれば、より楽にキーボードやコンピューターを使うことができるようになります。

一旦スキルを身につけても、練習を怠れば忘れてしまうということを、指導者も生徒も心しておかなければなりません。練習をすればするほど、学習のための神経経路が強化されます。その結果、「空中プロンプト」や口頭でのプロンプトが必要ではなくなってきます。

第15章

自由な返答ができるようになるには

生徒が与えられた選択肢からではなく、自由な返答をするためには、前章で述べた文字盤やステンシルの文字を指差す「ポインティング」が正確にできるようになる必要があります。またある程度の時間、集中してポインティングする根気や、自分の考えをまとめて表現する能力が求められます。

文字盤またはステンシルでポインティングができるようになるまでは、自由な返答をする練習を始めるべきではありません。また、自由な返答の練習をする時には、指導者が予想のつく一語から答えから始め、それから予想ができない答えや、自分の考え・気持ちを表現するような答えへと、段階を追って進む必要があります。

ステップ1：選択肢の使用をやめていく

まず、生徒が回答する時に選択肢を使うのをやめることが目標です。例えばレッスンで、回答の選択肢を使うかわりに、「蒸気エンジンを発明したのは、誰だと教わりましたか？」と質問します。答えは、生徒が文字盤を指して綴るのです。

この段階では、レッスンで学んだ内容に限った質問にとどめることが重要です。

他の例をあげましょう。

指導者が「あるところに猫がいました」と言います。この文章を書き、次のように言います。「あるところに____がいました」。生徒に、空欄に入る言葉を綴るように言います。指導者が「それは黒い猫でした」と言います。「それは____猫でした」と書きながら、もう一度言います。生徒に、空欄に入る言葉を綴るように言います。このようにして、レッスンを続けます。

指導者は生徒が答えるべき言葉がわかっているので、生徒に対してポインティングを始めるように、また正しい文字を指すように、口頭でプロンプトすれば良いのです。

ステップ2：一語で答えさせる

選択肢を使わずに、生徒が文字盤を使って答えを綴ることができるようになったら、一つの

正解ではなくいくつかの答えが考えられるような質問をすることができます（答えは生徒が考えます）。

例えば、事前に次のような文章を書いた学習用紙を指導者が用意しておきます。

1. ＿＿＿＿は、速く走ります。
2. 大きな＿＿＿＿＿が、ばったり倒れて死にました。
3. あるところに＿＿＿＿＿することが好きな＿＿＿＿＿＿がいました。
4. 私は日曜日に＿＿＿＿＿＿をするのが大好きです。
5. 私の好きな色は＿＿＿＿＿です。

生徒にとって最初の三つの空白を埋めるのは簡単かもしれませんが、4と5は生徒の個人的な意見を聞くものです。個人的な質問には、答えたがらない生徒もいれば、喜んで答える生徒もいます。生徒が個人的な質問を嫌がっている様子が見られたら、一般的で答えのわかりきっているような質問でもっと練習をしてから、個人的な質問をします。

生徒への個人的な質問や意見を聞くことに、レッスン時間をすべて費やしてしまうのは止めましょう。生徒の気持ちを聞きだそうとする前に、まずは生徒に知識を与えることが必要です。質問を受けた時に、すでに学んだ知識の中から生徒が答えを導き出すことができれば、一般的な事柄であっても個人的な事柄であっても、質の高い内容の返事をすることができるでしょう。

ステップ3：文章を完成させる

空白を一つの言葉で埋めることができるようになったら、次にいくつかの言葉からなる文節で、文章を完成させるよう生徒を促します。

例えば学習用紙に次のように書いておきます。

1. このあいだの土曜日に、＿＿＿＿＿＿＿＿＿＿＿＿＿。
2. とても風が強かったので、＿＿＿＿＿＿＿＿＿＿＿＿。
3. もらったプレゼントの中で、＿＿＿＿＿＿＿＿＿＿＿。
4. 私が望んでいるのは、＿＿＿＿＿＿＿＿＿＿＿＿＿＿。
5. 迷子になった女の子は、＿＿＿＿＿＿＿＿＿＿＿＿＿。

生徒がこのような文章を完成させるには、想像力が必要です。3と4の文章は、生徒自身の考えを聞くものですが、5番目は一般的なことを論理的に考えさせるものです。さらにこの練習では、生徒が複数の語句を綴って答えなければならないので、根気も養われます。

ステップ4：話し合いの仕方を教える

自分の考えを表現して、人と話し合うことを教えます。生徒が返答した内容をふくらませ、会話に発展させます。例をあげましょう。

指導者が「私が望んでいるのは______」と言いながら、それを紙に書きます。生徒はこの空欄を埋めるために、「犬を飼うことです」と答えたとします。この返答を活用して、2分間の短いレッスンをすることができます。ここでの目標は、生徒が自分の意見を表現する手助けをすることです。

ねらい

生徒が自分の望んでいることについて話し、会話ができるよう促します。

感覚アクティビティ

会話のテンポを保つために、指導者は話をしながら紙に書きます。会話の雰囲気がこわれるので、紙には書かずに話をしたいという人もいるでしょう。私が話しながら紙に書くのは、書いている様子を見せることで生徒の心を刺激したいと思うからです（また私自身、個人的な質問を口頭で尋ねられるよりも、書面の質問に答える方が楽だと感じるからでしょう）。

それから指導者は、「犬を飼いたいのですね」と言って、それを紙に書きます。

質問する

「犬を飼いたい理由について二つ、話し合いましょう。何でもよいから犬について二つ、言ってみてください」と言います。この段階では、聞かれたことについて自分の答えを考え出すようになる、というのが目標です。初めのうちは、犬についての特徴について述べる生徒がほとんどでしょう。「茶色い」とか「可愛い」などです。しかし考えをまとめて表現する練習をするうちに、もっと込み入った返事ができるようになってきます。例えば、「一緒に遊ぶ相手がほしい」とか「家に犬がいるのは良いことです」などです。

今度は同じ「私が望んでいるのは__________」の質問に対して、生徒が「フライドポテトが食べたい」と答えたとします。2分間の短いやりとりを、次のようにすることができます。

ねらい

生徒が望んでいることについて、話し合います。

感覚アクティビティ

指導者は「フライドポテトが食べたいのですね」と言いながら、紙に書きます。

質問する

「フライドポテトについて二つ、何か言ってみてください」と、指導者が問いかけます。生徒は、「塩味がします」、「おいしいです」などと、フライドポテトについて思い浮かぶことを綴ります。

ステップ5：文章をつくる

この段階では、生徒になにか一つの言葉を与えて、それを使った文章を作らせます。与える言葉は名詞、動詞、形容詞のどれでも構いません。例えば「木」、「道」、「開く」「飛ぶ」、「単純な」などの言葉です。初めのうちは1回のレッスンで、このような五つの言葉を使えば十分でしょう。生徒の集中力が増して正確にポインティングができるようになったら、1レッスンにつき10個の言葉を使って練習するようにしてもよいでしょう。

ステップ6：自由な作文

この段階では、いくつかの文章で構成される短い作文や物語、または政治などに関する意見を書く練習をします。ですから、子どもたちには家でニュースを見せるようにしましょう。ニュースを見ることで子どもたちは世界で何が起きているのかを学ぶことができます。生徒にある潜在能力をすべて活かすことができれば、可能性は無限にあります。ただし、その可能性の中から達成できることには、やはり限度があるのです。

達成できること　できないこと

定型発達の脳は、調和のとれた働きをします。例えば私が猫を見た時は、脳のある部分が刺激されます。猫のことを考えた時は、脳の別の部分が刺激されます。「猫」という言葉を聞いた時は、また他の部分が刺激されます。「猫」という言葉を書いた時は、さらに別の部分が刺激されます。つまり私の脳のなかでは、すべての部分がバランスをとりながら機能するので、適切なタイミングで適切な部分が刺激をうけるのです。そして私は猫の本質、つまり猫というものの全体的な特徴、言い換えるなら「猫らしさ」ともいうべきものを理解することができるのです。しかし自閉症に見られるように、脳が違う働き方をした場合は、猫の「猫らしさ」が定型発達者とは別のかたちでとらえられることもあるのです。

同じ状況についての経験を、私と息子のティトで比べた時に驚いたことが何度もあります。ティトは以前、ある部屋を「カリフラワーが沢山詰まった部屋に、香りのする蜂がいた」と表現したことがあります。ティトはその部屋で見た家具を順々にあげることができ、そこで聞いたさまざまな声についても私に伝えることができたにもかかわらず、その部屋の状況を「カリフラワーで埋もれた、香りのする一匹の蜂がいる部屋」として思い出したのです。これを「過剰な関連付け」と呼びます。また、他のことは目に入らずに、ある場所を「触っても頑丈なクモの巣がある野原」と説明するなど、「過少な関連付け」をする場合もあります。

一般とは違ったものの見方をする人は、周りの環境に対する反応も違ってきます。ペンを見た時の私の反応と、違った形の考え方をする人の反応とは、異なるかもしれません。それぞれの環境の構造や本質的なものは、一様ではありません。いかなる環境も、かかわりを持つ上で何らかの困難があるものです。般化（能力などを他の場面で使えるようになること）が苦手な生徒が、ある環境に慣れてしまった後で新しい場面に出会うと、メンタルマップをもう一度最初から描きなおすことになってしまいます。

学科教育を受けるうちに、自分自身や周りにあるものについて、より本質的な理解をするようになります。

達成できることを教えるのがRPM

1. 一般教育課程を教えることはできます。

定型発達、自閉症に関わらず、すべての人は学ぶ事のできる精神を持っています。しかし生徒の注意が他にいってしまう場合、環境にあるいろいろな要素を統合しながら教える必要があります。RPMでは、指導者が生徒の目の前で書いたり、声を使ったりするなどのさまざまな感覚アクティビティを行い、刺激の元になろうとします。学科を教えるためには、生徒の自己刺激的行動に対抗しなければならないからです。

2. ある種の運動スキルを身につけることはできます。

私はRPMを使って、息子に靴紐の結び方を教えました。ティトに自分の手順を綴らせたのです。例えば「紐をウサギの耳のようにして持つ」と綴ったあとに、その通りに行わせました。こうすることで、手の動きを計画して実行できるようになったのです。

新しい動きを学ぶ時には、脳の被殻が関与します。神経インパルスは被殻から前運動皮質に送られ、最後に運動皮質に伝わり、そこから信号が体に送られます。この経路は短いので、運動スキルは「身体で覚える」ことができます。しかしこれは、車の運転を同じように教えられるという意味ではありません。車の運転をするには、周囲に関するメンタルマッピングをより必要とするからです。

3. 自閉症を持つ人は、状況に応じた行動をとることができなくとも、その状況を理解していることを RPM で表現できます。

人とどのように関われればよいのかを理解することと、それを実行に移せるかどうかは別の問題です。社交的な行動（例えば微笑み返しなど）をとるには、精神と身体を体系づけて働かせて計画するだけでなく、いろいろな状況での対処の仕方について幅広い知識を必要とします。

〈社交的なしぐさ（または感情の表現）が、なぜ難しいのでしょうか？〉

人との関わりを理解するのは認知的な機能で、実際の行動に移さずともできることです。微笑み返しを必要とする社交的状況を考えてみましょう。まずは脳の視床下部に刺激がおきます。神経伝達物質が放出され、神経インパルスが体に行き、筋肉の収縮、血圧の上昇、心拍数の変化など身体的な変化がおきます。これらの変化は脳内の体性感覚皮質に戻ってきて、そこから前頭皮質に感情として送られます。そして前頭皮質で、「あれ、感情が起きているぞ！」と認識されます。これは非常に長い経路です。自閉症を持つ人の場合、神経細胞の連携がうまくいかず（アンダーコネクティビティ理論第３章）、神経インパルスが他の場所に伝わり、結果として別のより強烈なインパルスが働いてしまうのかもしれません。感情を表すには何かしら筋肉を動かす必要があります。（微笑み返しをするには、顔の筋肉を自由に動かせる能力が必要です）。長い神経経路が途中で中断されれば、適切な時に筋肉を動かせない場合もあるのです。**自閉症を持つ人は、微笑む必要があることを（頭では）わかっていても、そうすべき瞬間に微笑むことができないのかもしれないのです。**

このような説明を読んで、「息子は攻撃的になったり、怒りをあらわしたりします。これは、人と関わる社会的場面に反応した感情表現ではないでしょうか」といったような疑問を持つ人もいるでしょう。行動は、脳の中でも最も原始的な部分である大脳辺縁系の指令でおきます。大脳辺縁系にある扁桃体は、原始的な感情である不安感、恐怖感、嬉しさ、怒りを司っています。ここから大脳皮質までは、短い経路です。このケースでは、微笑み返しの例で説明した経路に比べて、神経細胞がより速く働くのです。怒りとイライラ感は、脳の別の部分で起こります。怒りは大脳辺縁系（扁桃体）から起こる純粋な感情です。一方、イライラ感は怒りが複雑に変化し少し和らいだ感情で、怒りに比べると身体のコントロールをより伴うのかもしれません。

「感情を表現できないのは、おそらく大脳皮質での感情のプロセスと、顔の表情をコントロールしている部位との神経細胞による連携がおかしくなっているからでしょう」。
—リタ・カーター「Mapping the Mind」(注17) —

4. RPM は、文字を綴って文章を書くための、指差しスキルを上達させます。

生徒の運動スキルが上達し、また文字盤を集中して見ることができるようになったら、指導者は手で持ち上げていた文字盤の位置を少しずつ机の高さへと下ろし、最終的に文字盤を机に置いたままにするようにします。この状態でポインティングするためには、目と手の連携がより難しくなるので、繰り返し辛抱強く練習をする必要があります。

第16章

三つの行動パターン

パターン1：本能的行動

本能的行動とは、誰かの髪の毛をひっぱる、食べ物をつかむなど、生徒が衝動的にとってしまう行動のことを言います。多くの場合、このような行動を止めるのは難しいことです。本能的行動は、脳の中心付近にある尾状核と呼ばれる神経核から始まります。神経インパルスは尾状核から前頭前皮質に伝わり、尾状皮質に達した後に再び尾状核に戻ってきます。多くの場合、本能的行動はこだわりに変わります。こだわりは普通、不安感、怒り、恐れ、極度の喜びなど、原始的な感情を引き起こします。このために、生徒が暴力的なふるまいを止められない、あるいは気持ちを落ち着かせることができないことがあるのです。

生徒が本能的な行動をとった場合、RPMのレッスンではその行動について話し合うところからはじめます。次の例は、生徒が指導者の髪の毛を引っ張った場合の対処の仕方です。

ねらい1

生徒の行動について話をすることで、論理的思考をうながします。これは、論理的に考えることで感情や本能をコントロールさせるためです。

感覚アクティビティ

この時点では生徒が見ようとしないので、紙に文字を書くことはしません。指導者はまず、生徒の後ろに立ちます。そして答えを選ばせるのに必要な紙と鉛筆を取り、「あなたは、いけないとわかっていることをしましたね」と言います。

質問する

「何をひっぱりましたか？」と生徒に尋ねたあと、「髪の毛？　靴？」と素早く書きながら言い、生徒に鉛筆を渡して答えを選ばせます。生徒が答えを選んだら、鉛筆はすぐに取り上げます。

質問する

「髪の毛を引っ張ったのは、疲れたからですか？　それとも怒ったからですか？」と聞き、「疲れた」と「怒った」の選択肢を書きます。鉛筆を渡し、答えを選ばせます。

質問する－生徒が「疲れた」を選んだ場合

「疲れた時に、他の人たちは普通どうしますか？　あくびをする？　それとも髪の毛を引っ張る？」と聞き「あくびをする」と「髪の毛を引っ張る」の選択肢を別々の紙に書きます。生徒に鉛筆を渡し、答えを選ばせます。

質問する－生徒が「怒った」を選んだ場合

指導者が「怒ってもいいのです。ただ、私なら先生に痛い思いをさせるかわりに、『怒っています』と綴って気持ちを表現するでしょう。一緒にMAD（怒っています）と綴ってみましょう」と言います。綴った紙を三枚に破り、「D」「M」「A」の順番で生徒の前に置きます。そして「MADと綴るのに、どの文字が最初にきますか？」、「次はどれ？」、「次は？」と順番に聞いていきます。

ねらい2

怒るという感情を取り入れた話をします。

感覚アクティビティ

「さて、ある男の人の話をしましょう。その人はとても怒っていました。あまりにも怒っていたので……」と始め、生徒の気分を和らげるために「目を開けたくない、と言ってつぶったままでした」や「自分の家をすっかり壊してしまいました」のように、話が面白く終わるようにします。

質問する

「この男の人が自分の家を壊してしまった時、きちんと考えて行動したと思いますか？」と聞きます。そして「はい」「いいえ」の選択肢を書き、声に出して言います。生徒に鉛筆を渡して答えを選ばせます。

感覚アクティビティ

「あるところに……」と始めて、話を続けます。「あるところにAがいました。BはAの後についていきました。CはBの後をついていきました。そしてある日のこと、彼らはDを見つけました」というように話の流れを作ります。このように順々に続いていく話は、心を落ち着ける効果があります。

上記は、まだ文字盤を使えない生徒への対処例です。文字盤を自由に指せるほど運動スキルが発達していない生徒の場合、指導者が論理的な考え方を示してあげます。

文字盤を使える生徒でも、攻撃的になっている時には文字盤をさしてコミュニケーションをとることは期待できません。むしろ小さな声で「他の人たちが見ているでしょう。目が少し腫れているみたいだから、顔を洗ってきたら？」などと話しかけながら、生徒が落ち着くのを待つべきです。

攻撃的な行動がおさまったらすぐに「はい」「いいえ」で答えられる簡単な質問をします。「顔を洗ったら気分がよくなるかもしれませんよ」と話し続けてもよいでしょう。そして、二つの選択肢を与えます。あとになって生徒が落ち着いたところで、「何がそんなに気に入らなかったのか、話し合いましょう」と言って、文字盤を使って生徒の気持ちを聞き出すようにします。

本能的行動を落ち着かせるためには

RPM では、「物語を聞かせる」「数学問題を解かせる」「韻を踏んだ詩を朗読する」などの活動を通して生徒の本能的な気持ちを落ち着かせることができます。

RPM では、生徒の行動が原因でレッスンが中断してしまっても、罰や子どもを部屋のすみに座らせるなどのようなタイムアウトは使いません。レッスン中に起こったトラブルも、学びの機会に変える必要があるのです。

生徒が本能的な行動を起こすかもしれない時、指導者は次のルールに従うようにします。

1. 攻撃的な生徒とは絶対に目をあわせないようにします。
2. 長袖の服を着て、引っかかれたり、つねられたり、噛まれたりするのを防ぎます。
3. 攻撃が始まったら生徒からすぐに離れられるよう、生徒の後ろに立って教えます。
4. 詩や物語、または数学のレッスンを用意しておきます。これらは攻撃的な行動を落ち着かせます。
5. 絶対に「やめなさい」と命令調で話してはいけません。生徒も自らの行動をやめようとしていることを、忘れてはいけません。「他の人が痛い思いをしないですむようにした方が、みんなのために良いと思わない？」というように、生徒を尊重する話し方をしましょう。

パターン 2：意図的行動

意図的行動とは、必要な時に適切な動きを自発的に行うことです。生徒に指差しや文字を書くスキルを練習させて、生徒が身体で覚えるようにします。

> **RPM では、知識を得ると同時に運動スキルの向上を目指します。私は生徒に「まず知識を得ることです。それからあなたに知識があるということを人にわからせる方法を学びなさい」と言っています。**

文字を書いている時の神経活動の経路は、被殻から始まります。そこから送られた信号はまず前運動皮質へ送られ、その後に運動皮質に行きます。そうして生徒は、頭の中で自己刺激に使っている言葉ではなく、猫について聞かれている時に「猫」と書くように、その時に書かなければならない言葉を書くことができるのです。

生徒に運動スキルを教える際に、注意しなければならないことがあります。言葉の綴り方や手で書く方法を学ぶ時に、同じような言葉だけを繰り返し練習すると、それらが過剰に身についてしまう「こだわり」になってしまうことがあるのです。その結果、生徒は新しい言葉には興味を示さずに、それらの限られた言葉ばかりを書いたり綴ったりするようになります。例えば次のようなケースです。

> ジャックは、食料品の買い物リストを書くのが大好きです。他の言葉を書くように言われると、怒り出します。この事例では、買い物リストを書くという行動がこだわりになっています。ジャックは、買い物リストで習慣的に書く言葉以外は、一切受け付けなくなってしまったのです。

このような生徒は他のことをするように言われたり、他の言葉を書いたり（またはタイプする）ように言われても拒絶します。なぜ同じ言葉を何度も繰り返して書きたい衝動にかられるのか、本人にもわからない様です。このような状況には、すぐに対処しなければなりません。どのような種類のものであっても、こだわりは興奮的な刺激であり、学習の妨げになります。

こだわりの行動（強迫行動）を起こしている神経経路は、尾状核から始まります。神経インパルスはそこから前頭前皮質に伝わり、次に帯状皮質へ行きます。そして神経インパルスは再び尾状核へ戻り、同じサイクルを何度も繰り返します。これが非常に興奮的な刺激を生むのです。生徒の気をそらさずにその状態のままにすると、あとで反抗したり大騒ぎをしてわめきだしたりする、という結果につながります。これは脳内の尾状核が扁桃体のすぐ近くに位置するためです。扁桃体は、原始的な感情をつかさどる場所です。このような理由で、こだわりと過剰な感情にはかかわりがあるのです。

こだわり行動の対処法

こだわり行動があった場合には、生徒の注意を学習に向け直すことで対処します。次にあげるのは、同じ言葉を繰り返し書くことに夢中になっている生徒に対処する時のレッスン・プランです。

ねらい1

生徒がこだわっている言葉について話をし、注意を他に向けます。

感覚アクティビティ

「なんて書いてあるのかしら。車！　良い言葉ですね」と、こだわりの対象になっている言葉自体を褒めますが、それを書くことには言及しません。指導者はこのように言うことで「なぜあなたがこの言葉を何度も何度も書いているのか、理解しようとしているのです」というメッセージを生徒に送ります。

質問する

続いて指導者は「さて、車といえば……」と言って紙を破り、二つの選択肢をそれぞれ書きながら綴りを言い、言葉として発音します。「車といえば本？　それとも車輪？」と聞いて生徒に鉛筆を渡し、答えを選ばせます。この段階では、生徒が衝動的に書いているのを止めるようには言いません。代わりに車についての話を続け、強迫性の思考を途中で断ち切るように努めます。

感覚アクティビティ

「車」という言葉へのこだわりに対処するために、指導者は話を続けます。「車に乗った時には、シートベルトをつける必要があります」と言います。

質問する

「なぜシートベルトをつけるのでしょうか。ファッションだから？」と尋ね「ファッション」という言葉の綴りを言いながら書きます。「それとも、安全だから？」と聞き、「安全」という言葉の綴りを言いながら書きます。生徒が答えを選んだ後で、再びこだわりの言葉を書きだしたら「これは書くのに良い言葉ですね。『車』の隣に『安全』と書きましょう」と言います。

感覚アクティビティ

生徒がこだわりで書いている別の言葉を見て、指導者は「さて、他にはどんな言葉を書いたのかしら。『泳ぐ』と書いたのね。よく書けました」と言います。

質問する

学習用紙に書かれた文章のなかに「泳ぐ」という言葉をあてはめるように、生徒に言います。これは生徒が「泳ぐ」という単語を、決まった位置で見る習慣を壊すためです。「私たちは泳ぐ（泳ぐを生徒に書かせます）のが好きです。なぜなら______からです」。この文章に生徒がまず「泳ぐ」を書いたら、今度は空欄について「ここにはどちらの言葉を書きますか。『車』ですか？　それとも『楽しい』ですか？」と尋ねます。生徒に答えを選ばせ、「楽しい」と書かせます。生徒が書く時には手本を見せてもよいですが、見ないで書けるのならそれでも構いません。

生徒がこだわりで書いている一つひとつの言葉を足がかりとして、より表現を広げていけるよう話を続けます。

〈意図的な自助スキル〉

自助スキルに必要なのは、身体の動きを計画する能力です。親は、子どもが段階を追って成長していくのを助けなければなりません。自閉症を持つ子どもに自助スキルを教えなければ、親、子どもの双方とも苦労するでしょう。RPMを使えば、自助スキルも容易に教えることができます。

自閉症を持つ人は、誰かがすることを真似したり、動きを計画したりするだけで運動スキルを身に着けることはできません。これは視覚を使って学ぶ事ができない人に、特に言えることです。すべてのスキルは、練習を重ねて「身体で覚える」必要があります。どの自助スキルを教える際にも、一番最後のステップから始めて最初のステップへと逆に教え、それを繰り返し練習させる必要があります。

新しいスキルを学ぶ際には、手助けが必要です。手助けは少しずつ減らしていきます。新しいスキルを教える最初の7～10日間は、全体の75%を手伝うとよいでしょう。次の7～10日間は、50%、そして次の7～10日間は25%手伝うようにします。次の例は、丸首のシャツの着方を教えるためのレッスンです。

ねらい2

頭を、丸首のシャツに通すという作業を教えます。シャツの着方は、頭を通す、左手を袖に通す、右手を袖に通すという三段階に分けて教える事ができます。

感覚アクティビティ

まず、これから何をするのかを生徒に説明します。生徒を鏡の前に立たせ、指導者はその後ろに立つとよいでしょう。そして「これから、頭をシャツに通します」と言います。

質問する

「始めに何をしますか？　頭を通しますか？　それとも腕を通しますか？」と聞き、生徒が文字盤を使えるのであれば、答えを綴らせます。そうでなければ、二枚の紙に選択肢を書きます。

スキル

指導者が、生徒の頭の途中までシャツを通します。その状態では気持ちが悪いと感じた生徒は、自分でシャツを引っ張って頭を出すようにするのです。初めての生徒には、言葉で、あるいは生徒の手を軽く叩くことで、手を動かすよう促します。生徒は頭をシャツから出す代わりに、シャツを頭から取ってしまう可能性もあります。これを防ぐには、最初にシャツを通す時に頭の75%が出るところまで手伝い、残りの25%だけ通せば良いようにします。生徒が息苦しく感じてパニックを起こさないよう、指導者は最初から生徒の鼻の下までシャツを通してしまいましょう。

感覚アクティビティ

生徒を鏡に向かって立たせたままで「次は袖を通します」と言います。

質問する

「次は何をしますか？」と聞き、選択肢を二つ与えます。「袖を通しますか？　膝を通しますか？」文字盤を使える生徒の場合は、文字盤で綴らせます。

スキル

指導者が生徒の腕の75%まで袖を通し、残りの25%は自分でやりとげるようにします。生徒がその場にじっとしていられずに歩き回ろうとした場合は、もとの場所に戻して袖が通っていないようだと伝えます。もう一方の袖も、同じように教えます。これを7日から10日間かけて練習します。

目標を定め、日数を決めて練習するのがよいでしょう。何日か経ったら、指導者はそれぞれの動作の半分を手伝うようにします。つまり、頭の75%をシャツに通してあげていたのを50%だけにします。残りは生徒が自分で行います。シャツの袖も同じように50%だけ手助けします。この段階も7日～10日間の期間を定めるのがよいでしょう。またどの作業についても、質問をしたり意見を言ったりすることで、コミュニケーションをとりながら練習をするようにします。

最終段階では、頭・左袖・右袖を通すという作業の25%を指導者が手助けします。これも7日～10日間、練習を続けます。残りの75%は生徒がやりとげます。それぞれの作業中は生徒に質問をし、意見を言うなどしながら生徒の興味を保つようにしましょう。

このような目標を達成したあとは、首の穴の部分をあけた状態でシャツを生徒の頭に乗せます。今度は100%生徒自身の力で、頭をシャツの首の穴に通してもらいます。初めのうちは、自分から動作を起こそうとしないかもしれませんが「がんばって。シャツを引っ張りましょう。そうです。下まで引っ張って！」と時々肘を軽く叩き、触覚を通して促しながら、励まします。袖も同じように練習します。人は「私にはきっとできる」と信じることでやる気になるものです。「ちゃんとできていますよ」という励ましで、生徒に自信を与えるようにしましょう。

パターン３：社交的行動

本書の初めに説明した通り、自閉症を持つ人の多くは他者との交わりについて理解はしていても、場面に応じた社交的行動をとることができません。しかし、必要な時に「ありがとう」と口に出せなくても、人との交わりについて適切に理解していることを表現することはできます。

例えば発語のない自閉症の人が叔父からプレゼントをもらった時、その人が表現する方法として、親や先生から「叔父さんに『土曜日』と言いますか？　それとも『ありがとう』と言いますか？」と二つの選択肢を与えて選ばせるとよいでしょう。手順は、他のレッスン案と同じです。紙を破り、選択肢を書き、生徒の利き手を中心にした位置にかかげ、選ばせます。

小さな白板を使う親御さんもいます。子どもが外で人と出会った時のために、白板を持ち歩くのです。白板に選択肢を書き、子どもに選ばせます。外で友達に会った時には「こんにちは」と「緑色」の二つの言葉を白板に書き、子どもにどちらの言葉を言うべきかと尋ね、指で指すようにうながします。

文字盤で社交的な文章を綴ることができるようになった生徒は、挨拶や自分の意見など、その場にふさわしい文章を綴って表現することもできます。

発語のある生徒でも、人が集まる場所で他の人と交わろうとしない人や、その場に関係のないことをひたすら話す人などが少なくありません。しかし、彼らはわざと周りの人たちを困らせようとして関係のない話をしているのではありません。そのような状況では、メンタルマップを描けないために、関係のない話をしてしまうのです。彼らは人とうまく関わることができず、それでもなんとか話をしようとして、自分の家系の話を長々としたり、あるいは母親に向かって洗濯機と乾燥機を買うのを忘れないでと繰り返し話しかけたりしているのです（これは、この人が話をする心の余裕がある場合です）。

本書の初めに説明したように、メンタルマップを描くためには、状況を符号化する必要があります。例えば視覚を適切に使うことができても限られた音しか聞こえない人は、状況を一部しか符号化していません。そのために、他の人と接する必要のある場面でどのように振る舞えば良いかを判断するのに必要な情報が不十分だったり、反対に情報が多すぎたりするのです。こうしようという自分の目標と、自分が持つ実際の能力をうまく統合することができないために、その場で自分を取り巻く状況についても十分に意識が及ばなかったり、逆に過剰に意識したりするのです。

RPMでは、自閉症を持つ人が社交的にうまく振る舞えない理由は、メンタルマッピングの問題や脳神経の働きがうまくいかないことが原因と考えます。先に述べたように、社交的な行動は視床下部への刺激から始まります。この刺激は身体に伝わり、脳の体性感覚皮質に戻り、前運動皮質へ行き、最後に運動皮質へたどり着きます。このあと社交的な行動が起こるのです。言うまでもなく、これは長い経路です。生徒が社交的にふさわしい振る舞いを、すぐにとれるようになるかどうかはわかりません。ですが、生徒が社交的な「行動」をとっさに行うことはできなくても、それを「理解」していることを表現するための支援はできるのです。

〈RPMで達成しようとすること〉

1. 論理的に考えることで、「本能的な行動」がなくなるようにする。
2. 言葉を綴る、正しいタイミングで正しい言葉を選ぶといった「意図的な行動」を起こさせる。
3. 社交的なふるまいについて本人が理解しているということを認めてあげる。生徒に自信がない時や自尊心が傷ついているような時には、社交的なふるまいを強要しない。

第17章

RPMで使う学習方法

学習方法には、経験的方法・合理的方法・権威的方法・優先的方法・信仰的方法・直感的方法の六つがあります。

RPMでは、このうち**経験的方法と合理的方法の二つ**を使います。この他の直感的方法（詳しくは章末で説明します）や、権威的、優先的、信仰的方法は使いません。

1. 経験的方法

この方法では、生徒は感覚器官を使って学びます。生徒の学習チャンネルを見極め、それにふさわしいやりかたで教えるのが、経験的方法です。

前に述べたように、主要な学習チャンネルには視覚と聴覚があり、副次的な学習チャンネルには触覚と運動感覚があります。

指導者は、生徒の前に置いた学習用紙に、レッスンで使うキーワードを書きながら教えます。これが、生徒の視覚チャンネルを活発にします。書き出す際には、まず指導者が綴りを一文字ずつ声に出して言い、それから一つの言葉として発音します。そうすることで、生徒の聴覚チャンネルと視覚チャンネルを結びつけることができます。二つの主要な学習チャンネルのつながりを強化し、さらにすべてのチャンネルと統合して機能させるためです。

生徒に鉛筆を渡すのは、正解を選ぶ動作を開始させるための、触覚を使ったプロンプトです。生徒が他のものに気を取られている場合、目の前で文字盤を振って、運動感覚的なプロンプトを与えることもあります。

質問に答えるための動作を促すプロンプトとして、次のような例が挙げられます。ここでは、それぞれのプロンプトによってどのような刺激が起こるかも説明します。

- 指導者がレッスンのキーワードや概要を、生徒の前に置いた紙に書きます。文字を書く指導者の手の動きに注目することにより、生徒の視覚と運動感覚の両方が刺激されます。
- レッスン中は、選択肢を書くための紙を指導者が小さく破り、生徒の聴覚を刺激します。紙を破る音で、生徒は質問に答える心の準備をします。
- 選択肢の場所を示すため、それぞれの言葉の書かれた紙をトントンと叩き、生徒の聴覚を刺激します。机を見下ろすことができない生徒でも、この音によって選択肢のある場所がわかります。

- 指導者は話す時の声の調子を変えたり、リズムにのって話したりすることで、生徒の聴覚チャンネルを刺激します。
- 質問をした後に、生徒に鉛筆を渡します。これにより触覚チャンネルが刺激されます。
- 生徒の手を持って、文字を書かせます。これは、触覚と運動感覚の両方のチャンネルを刺激するためです。例えば A という字を一緒に書いて、その文字の感じをつかんでもらうのです。机の上の教材をじっと見ることが苦手な生徒に対して、特に効果的です。
- 例えば「A」という文字や、何かの絵を生徒の手に書きます。これで触覚が刺激されます。指導者の人差し指で、または鉛筆の先についている消しゴムで、生徒の手のひらに「描く」ことで、ものを見ることが苦手な生徒でも、「感じる」ことができ、理解できるのです。
- 生徒に回答を選ばせる時には、鉛筆で丸をつけてもらいます。これは、触覚と運動感覚の二つのチャンネルを刺激するためです。
- ステンシルを使って字を書かせます。これで触覚と運動感覚を刺激します。
- 返答すべき時に生徒の体が動かなくなってしまった場合は、生徒の膝や肩をトントンと叩いて、動作を促します。叩くことで触覚チャンネルを刺激するのです。
- 紙で作ったものを触らせて、触覚チャンネルを刺激します。例えば形を教えるために、あるいは磁石の両極を示すために、紙で模型を作り、生徒にそれを触らせます。

このようにさまざまな経験的方法を組み合わせ、生徒がレッスン内容をより深く理解できるようにします。上記の方法で生徒の感覚チャンネルを最大限に刺激することで、あらゆる面から学習を促すのです。

2. 合理的方法

この方法では、生徒は論理的に考えて答えを出します。経験的に学んだ概念を、合理的方法を通して他のケースに当てはめることができるようにします。

合理的方法を使えば、数や言葉の綴り方を教える際、他の方法よりもはやく教えることができます。私のところにくる生徒の多くは、数や綴りを習ったことがありません。合理的方法で教えると、このような生徒たちも決まったパターンや概念を見つけて答えを簡単に出し、学ぶことができます。

次の例では、1から20までの数しか知らない生徒に100までの数を教えます。

ねらい

1から100までの数字の読み方を教える。

感覚アクティビティ

指導者が数字の20と21を紙に書き「2・0で20、2・1で21」と言い、次に30と31を書きながら「3・0で30、3・1で31」、と言います。

質問する

- 「それでは、41はどのように書いたらよいでしょうね。ヒントをあげましょう。4・0で40です。41は、8・3ですか、それとも4・1ですか？」
- 指導者は質問をしながら紙を二枚に破り、それぞれに83、41と書いて、生徒に鉛筆を渡します。生徒はたとえ以前に習っていなくても、論理的に考えて4も1も含まれていない83を除外し、消去法で41を選ぶでしょう。生徒が41を選んだら、指導者は「その通りです。8と3の中には4も1もないので、41ではないですね。簡単でしょう」と先に述べた論理的な説明を添えてコメントします。

  生徒が83を選んだ場合は「別の数字も見てみましょう。7・0は70、7・1は71。4・0は40。41はどう書きますか？　ABCでしょうか？　それとも41でしょうか？」と、さらに例をあげて説明しましょう（ここで、わざとかけ離れた選択肢を使っているのは、論理的に考えて明白にABCでなく、41を選ばせるためです）。生徒が消去法で正解を選ぶのに慣れてきたら、選択肢を似通ったものにします。例えば「62は、6・2と書きますか、それとも2・6ですか」と、少し難しい質問にできます。
- 「もう少しやってみましょう。5・0と書いて50なら、51はどう書きますか？　7・4、それとも5・1？」と質問して生徒に鉛筆を渡し、正解に印をつけさせます。生徒が正解を選んだら「よくできました！」というような漠然とした褒め言葉をかけるのではなく、「よく注意して見ていたから、正解を選べましたね」のように、なにが良かったのか具体的に褒めるようにします。なぜ「よくできたね！」というお決まりの褒め方がいけないのでしょうか。それは、私たちが論理的に考えることの大切さを教えようとしているからです。本題と関係のないことを言うと、生徒の注意がレッスン内容からそれてしまうことが多々あります。むしろ生徒が正しく行えたことを具体的に挙げて、それを褒めるべきでしょう。漠然と「よくできました！」を繰り返すと、褒め言葉本来の意味は薄れ、生徒は幼児扱いされているように感じ、レッスンの目標を達成することが難しくなります。

スキル

生徒が何枚かの紙に書かれた選択肢から正解を選んだら、指導者は筒状の文字盤か大きいサイズのステンシルを持ち上げて、その言葉を指差してもらいます。ステンシルを使って、答えをなぞり書きするのを手伝ってもよいでしょう。頭で理解している概念と運動スキルを組み合わせることで、学習を強化します。

質問する

指導者は、「5・0と書いて50。5・1と書いて51と読みます」と説明し、「では58はどう書きますか？　3・2ですか、それとも5・8ですか？」と質問します。同じように続けて、100までの数字の読み方を教えます。

次の例では、経験的方法と合理的方法の両方を使って単語の綴り方を教えます。

ねらい

単語の綴り方を教えます。

感覚アクティビティ

下のような表を、生徒の前に置いた学習用紙に書きます。書きながら、それぞれの言葉の綴りを声に出して言います。この段階ではまず、経験的方法で新しい知識を教えています。

a	e	i	o	u
pat	pet	pit	pot	put
man	men	pin	top	sun
bat	bet	bit	hot	run

質問する

「P-A-Tと書いて『pat』と発音します。それでは『cat』という言葉はどのように書きますか？」と聞き、「C-A-Tですか、それともF-I-Rですか？」と、指導者が綴りを声に出して言いながら、紙に書きます。生徒は表で習った発音と綴り方のパターンに当てはめて考えなければなりません。そして消去法で『fir』を除外でき、正解を選ぶことができます。

スキル

生徒が正解を選んだあとは、丸めた文字盤か大きいサイズのステンシルを使い、答えを指差しで綴ってもらいます。できるのであれば、書いてもらっても良いでしょう。このようなスキルの練習も、学習の強化になります。

質問する

「B-I-Tは、『bit』です。『sit』はどのように綴りますか？　N-O-Tですか、それともS-I-Tですか？」と言って選択肢を書きながら、綴りを声に出して言います。生徒はやはり論理的に考え、間違った答えを消去し、正解を選びます。

スキル

生徒に、丸めた文字盤または大きいサイズのステンシルを使って正解を綴らせます。または正解を紙に鉛筆で書かせます。このようにして神経回路を強化します。

3. 直感的方法

親御さんが「うちの子どもは教わっていないことを知っている」と言うのを、時々耳にします。こうした子どもたちは、知っていると思えない言葉を使ったり、状況を説明したりします。親が驚くような言葉を子どもが使う場合もあります。また習ったことがないのに、「自分の子どもは代数がわかるようだ」と言う親御さんもいます。

いろいろな学習方法があることを考えれば、これは容易に説明がつきます。この章の最初にあげた六つの学習法の中に、直感的方法があります。これは、文字盤を持っている指導者のボディランゲージ、目線、その他のかすかな表現から、直感的に情報を読みとることが得意な生徒もいるということです。つまり、先に述べたような例はあくまでも直感によるものであって、その生徒の知識に基づいたものではないのです。生徒がこのような直感的方法で学ぼうとするのを防ぐために、文字盤を持つ指導者は注意する必要があります。初めから生徒に限りない知識と英知があると考えてしまっては、生徒が段階を追って学習していく機会を奪うことになります。

4. 権威的　優先的　信仰的方法

RPMではこれらの方法は使いません。

第18章

RPM を使ってテストする

自閉症を持つ生徒にテストを受けさせる場合、一般的な方法ではうまくいきません。普通にテストを受けるために必要な、目の働きや運動機能が十分でないことを考慮せずに、自閉症の生徒にテストを受けさせることが多々あります。問題に答える動作を生徒が開始するために、また集中力を持続させるためには、プロンプトが必要なこともほとんど知られていません。

このような理由から、生徒は持っている知識を「見せる」ことができないことがあります。そのため「答えることができない」とか「解らない」と判断され、結果として「IQが低い」または「知能に遅れがある」というレッテルをはられることになります。そうなるとときにはこの先、学科教育が受けられなくなることもあるのです。

学び方の違いや簡単にコミュニケーションができないことを理解せずにテストをするのは、間違った結果を生むと同時に非常に不公平です。

RPMは学科教育を基本に行うので、その一環としてテストも実施します。教科書の一章が終わるごとにテストをしても良いでしょう。一週間の終わり、一ヶ月に一度、学期または学年の終わりなど、定型発達児が受けるのと同じような間隔でテストをすることもできます。テストの頻度は、生徒がRPMレッスンを受ける頻度や、また教科の具体的な目標によってきまります。

テストの実施方法には、

1. 二つ、三つ、または四つの選択肢から答えを選ぶ。
2. 文字盤で答えを綴る、または可能であればコンピューターで答えをタイプする。

の二通りがあり、生徒はいずれかの方法でテストを受けます。

RPM を使ったテスト

RPMのレッスンは、普通30分から45分です。テストを実施する場合は、レッスンの3分の2を教える時間に使い、残りの時間で教えた内容について課題テストを行います。ポインティングが上手にできる生徒の場合は、最後の数分間を使って生徒に何か話し合いたいことがあるか聞き、ある場合はそれについて話し合いをしてもよいでしょう。テストの問題例は、大抵の教科書の後ろの方に書かれていますが、生徒にあわせて多少工夫して変える必要があるかもしれません。

テストの例をあげましょう。1から100までの数字を教えたあとに、次のように15問の問題を解かせます。

空欄を埋めなさい

29,30,__,__,33

16,__,18,__

__,98,__,100

29,__,__,32

85,__,87,__

数字を小さい順に並べなさい

45,47,46

70,68,69

51,52,50

38,40,39

97,96,98

数の部分を数字で表しなさい

にじゅうさん冊の本を持っています。

にじゅうご匹の犬がいます。

猫が、じゅうはち匹のねずみを見つけました。

ひゃくの星を見ました。

牛が、ろくじゅうごの花を食べました。

テストの実施方法

テストの質問は指導者が読み上げ、二つか三つの選択肢を与えます。生徒に鉛筆を渡して、答えを鉛筆で指し示すか、丸をつけてもらうようにします。生徒が答えを選んだあとに、ステンシルを使ってその答えをなぞり書きさせてもよいでしょう。

例えば数字と数の序列を教えている場合、次のどちらかの方法でテストを行います。

- 生徒が三つの選択肢から選ぶことができる場合、三つの選択肢を別々の紙に書き、生徒に「どの数字が最初にきますか？　45,47,46 ？」と聞いた後、鉛筆を渡して選ばせます。

・生徒がまだ二つの選択肢から選ぶ段階にいる場合でも、三つの選択肢を使って次のようにテストをすることができます。「選択肢は、45,47,46 です。45 が最初にきますか？　はい？　それともいいえ？」と質問しながら「はい」と「いいえ」をそれぞれの紙に書きます。指導者は次に「47 と 46 が残っていますが、どちらが次にきますか？　47 ですか？　はい？　それともいいえ？」と尋ね、再び「はい」と「いいえ」を二枚の紙にそれぞれ書きます。そして鉛筆を生徒に渡し、生徒が答えを選んだらすぐに鉛筆を取り上げます。その後、「それでは、45 の次は 46 ですか？　はい、それともいいえ？」と聞き、同じように紙を二枚に破り、「はい」と「いいえ」をそれぞれの紙に書きます。そして生徒に鉛筆を渡して、答えを選ばせます。

次は算数のテストの例です。

問題を解きなさい。

<u>掛け算</u>

1. 345 × 67
2. 406 × 58
3. 912 × 75
4. 746 × 34
5. 935 × 32

<u>割り算</u>

6. 536 ÷ 5
7. 467 ÷ 6
8. 300 ÷ 9
9. 436 ÷ 6

このようなテストを受けるには、生徒が掛け算と割り算を知っている必要があります。数字盤を使える生徒の場合は、次のような方法で数字を指して回答させるようにします。

1. 指導者が問題を声に出して読みます。「345　×　67 ＝　　」数字盤を持ちそれを生徒に見せて、質問します。「345に最初にかけるのは60ですか、それとも7ですか？」生徒が文字盤で「7」を指します。
2. 「7 × 5は？」と聞きます。生徒が3と5を指して「35」と答えたあとに、「どちらの数字が繰り上がりますか？」と聞きます。生徒が「3」を指したら、3と5の数字を計算の紙に書き、続けます。

3.「7×4は？」と聞きます。生徒が「2」と「8」を指して「28」と答えます。「さっき繰り上げになった3をどうしますか？」生徒が「＋」を指し示します。

4.「それでは、28＋3はいくつですか？」生徒が「3」と「1」を指します。「どちらの数字が繰り上げになりますか？」生徒が「3」を指します。

5. 指導者は次のステップに移ります。「それでは、7×3はいくつですか？」

数字盤を指して答えるスキルがまだない生徒でも、選択肢を使って上記のテストを行うことができます。ただし、それには時間と忍耐がもっと必要になります。生徒が選択肢から回答を選ぶ段階にあって、掛け算のテストをする場合、指導者は計算方法をより小さいステップに分けて、生徒に答えさせる必要があります。

「345×67」のテストの進め方

1. 指導者は「345に67をかけます。はじめにかけるのは、60ですか、7ですか？」と聞き、「60」と「7」の選択肢を紙に書きます。生徒が答えを選んだら、「7×5は75ですか、35ですか？」と訪ねます。生徒が回答した後「繰り上げになるのは、3ですか、5ですか？」と聞き、「3」と「5」を紙に書きます。

2.「次は7を4にかけますね。答えは28ですか、47ですか？」と質問し、生徒に「28」と「47」の選択肢から選ばせます。「さっき繰り上がった3をどうしますか？28に足しますか、それともかけますか？」と聞き、「＋」と「×」の選択肢を与えます。「それでは、3＋28はいくつですか？　38、それとも31？」「百の位に繰り上がるのは、3ですか、1ですか？」と聞き、「3」と「1」の選択肢を与えます。

3.「7かける3は、37？　それとも21？」「21と、さっき繰り上がった3をどうしますか？　引き算しますか、それとも足しますか？」「21＋3は、27？　それとも24？」

4.「さて、345に次にかけるのはどの数字ですか？　今7をかけましたね。問題では67をかけるんでしたね。次は60をかけますか、それとも6をかけますか？」「60をかけるには、一の位にどの数字を書きますか？　0ですか？　それとも6？」

5. このように続け、345×7と345×60が終わったら、「この二つの答えを、足しますか、引きますか？」と質問します。そして、「＋」と「－」を別々の紙に書き、生徒に選ばせます。

選択肢を使って、まず一の位の足し算をさせ、次に十の位、という具合に進め、最終的な答えを出すようにします。これは時間のかかる作業ですが、生徒の本当の理解力を試すために必要な作業です。一般的に行われている方法で問題を解くことができないからといって、答えが解らないのだと判断するべきではありません。

今度は読解力のテストの例をあげましょう。

次の文章を読んで、答えを選びなさい。

メアリーは海に行くのが好きです。ビーチで砂の城を作ります。太陽と涼しい風が大好きです。かもめが鳴いているのが聞こえます。メアリーは、日曜日になると海にでかけます。

1. メアリーはどこに行きますか？

a) 映画館

b) 友達の家

c) ディズニーランド

d) 海

2. メアリーは海で何をしますか

a) 他の人に砂を投げつける

b) 砂の城を作る

c) 鳥を追いかける

d) 息を吐いて風をおこす

3. _____が聞こえます。

a) 高速道路の音

b) くじらの音

c) かもめの声

d) 飛行機の音

4. メアリーはいつ海に行きますか？

a) 月曜日

b) 火曜日

c) 毎日

d) a,b,c のどれでもない

- この問題を解かせるのに、指導者が文章を読み上げてもかまいません。
- 文字盤を使える生徒は、文字盤を指して答えてもかまいません。
- 文字盤をまだ使えなくとも、机に置いた四つの選択肢から選ぶことができる生徒の場合は、次のように指導者が問題と選択肢を読みあげます。「メアリーはいつ海に行きますか？　A、月曜日？」（と言って小さく切った紙に A と書きます）、「B、火曜日？」（紙に B と書きます。残りの二つの選択肢も同じように書きます）生徒に鉛筆を渡して答えを選ばせます。
- 二つの選択肢から選ぶことしかできない生徒の場合は、次のように進めます。
「メアリーはいつ海に行きますか？　月曜日ですか？」と聞き、「はい」と一枚の紙に書き「いいえ」ともう一枚に書きます。紙に書きながら、選択肢を声に出して言います。生徒に鉛筆を渡して答えを選ばせます。「火曜日ですか？　はい、いいえ？」選択肢を書き、生徒に鉛筆を渡して選ばせます。そして「毎日？」と聞き、「はい」「いいえ」と紙に書きます。次に「a,b,c のどれでもない？　はい、いいえ？」と聞き、もう一度「はい」「いいえ」と書き、答えを選ばせます。

　注意：選択肢は毎回同じ言葉ですが「はい」「いいえ」を、そのつど紙に書くようにしましょう。紙に書くということが生徒にとって、答えを選ぶという動作をおこすための聴覚的、また運動感覚的なプロンプトになるからです。

RPM を使ったテストに近道はありません。また辛抱強く行わなければ正しい結果を出すことはできません。これは時間のかかる作業であり、ときには生徒の感覚が防御的な状態になることもあります。そのため、時間制限を設けることなく、十分な時間を与えてテストを行うことを勧めます。

第19章

レッスン計画

本書も終わりに近づいたところで、どのように学科をレッスンに取り入れていくかを具体的に説明しましょう。ここに挙げる2例はどれも、すでにRPMで学科をある程度勉強したことのある生徒向けのレッスンプランです。

レッスンプラン1

7年生（中学1年生）用の教科書から「磁気について」のレッスン

目的

この生徒は前回の磁気に関するレッスンで、性質、N極とS極、磁石の種類や使われ方について学んだので、引き続き磁気について勉強する。このレッスンでは、磁気誘導について教える。

目標

1.「磁気誘導」についての知識を習得する。
2. 磁気誘導が起こる過程について理解する。
3. 誘導磁気の極性について学ぶ。
4.「磁気シールド」という言葉を理解する。
5. 精密な測定器具に磁気シールドが使われる理由を理解する。

ねらい

消磁された鉄棒は、コンパスの針と引き合うことも反発することもないことを教える。

感覚アクティビティ

指導者は紙を折り、コンパスの針の模型を作ります。もう一枚の紙を長方形に折って、コンパスの針の模型をそれに近づけます（このように教えることで、生徒に視覚チャンネルと触覚チャンネルを使わせます。また指導者が説明するのを聞くことで、聴覚チャンネルも同時に使うことになります）。指導者が「これがコンパスの針だとします。コンパスの針は、磁石が近づくと動きます」と、説明します。そしてもう一枚の紙で作った長方形を見せて、「これは、磁石ではないとします」と言います。学習用紙に図を書き、「コンパスの針」など、キーワードを書きます。

質問する

- 「何が起きると思いますか？　コンパスの針は動くでしょうか、それとも動かないと思いますか？」と質問します（この質問は、前回のレッスンで学んだことの復習です）。
- 「なぜ、針は動かないと思いますか？」と質問し、生徒が文字盤を使える場合は答えを綴らせます。そうでない場合は「これが磁石ではないからですか、それとも食べないからですか？」と二枚別々の紙に選択肢を書き、選ばせます。

スキル

- 「丸めた文字盤を指して『コンパスの針』と綴りましょう」
- 「ステンシルをなぞって『コンパスの針』と紙に書きましょう」

指導者は、生徒が書くのを支援します。

感覚アクティビティ

指導者は紙で作った二つの長方形を持ち「さて今度は、一つはコンパスの針で、もう一つは磁石だとします」と言い「磁石」という言葉を学習用紙に書きます。

質問する

- 「これにコンパスの針を近づけたら、どうなると思いますか？　針が回りだしますか、それとも壊れますか？」と質問します。文字盤を指せる生徒の場合は、答えを綴らせます。
- 「なぜ、この二つが引き合うのだと思いますか？」と質問します。ここでも、生徒に文字盤を指して答えさせるか、二つの選択肢を紙に書いたものを選ばせるかします。

スキル

- 「引き合う、という言葉を丸めた文字盤（または 26 文字の文字盤かステンシル）で綴りましょう」。
- 「今度はステンシルを使って、『引き合う』という言葉を書きましょう」。

　注意：ステンシルを使って練習するうちに、やがて点線で書かれた文字をなぞって文字が書けるようになるでしょう。文字盤を指した後に、その字を紙に写し書きすることができるようになる生徒もいます。中には、何も見ずに文字を書くことができる生徒もいると思います。それぞれの生徒のスキルによって、どのように文字を書けるかは違います。

ねらい

消磁された鉄棒に磁石を近づけるとどうなるかを教える。

感覚アクティビティ

二枚の紙をそれぞれ長方形に折り「こちらが磁石だとします」と言いながら、長方形の一つを見せます。次に「こちらは、磁気のある物質でできた鉄のかたまりだとします」と言って、もう一つの長方形を見せます。

「二つを近づけると、引き合います」と言いながら二つの長方形をつなげ、その様子を生徒の手で触らせます（本物の棒磁石があればそれに越したことはありませんが、なければこのように紙で作ったものを使います。その際はもちろん、本物ではないことを説明します)。「この鉄のかたまりが磁石についているあいだは、これは磁石と同じように作用します」と説明します。学習用紙に「引き合う」や「棒磁石」などの言葉を書きます。

質問する

「どのくらいのあいだ、この鉄のかたまりは磁石として作用しますか？」と尋ねます。文字盤を指して答えることができない生徒には「永遠にですか、それとも鉄が磁石についているあいだですか？」と選択肢を与え、今説明したばかりの事柄について質問します。

スキル

- 「つく、という言葉を文字盤で綴りましょう」（丸めた文字盤を使ってもよい）。
- 「つく、という言葉を書きましょう」と生徒に促します。生徒は文字盤の上で文字を一つ指してはそれを紙に書き、次の文字を指してまた書く、という方法で言葉を書きます。あるいは、ステンシルを使ってなぞり書きします。

感覚アクティビティ

「この鉄のかたまりは、誘導によって磁化しました」と言い、「誘導」という言葉を学習用紙に書きます。

質問する

「この鉄のかたまりは、どのようにして磁化しましたか？　誘導によって、それとも蒸発によってですか？」と質問します。生徒が文字盤で答えられない場合は、選択肢を与えます。

スキル

- 「誘導、という言葉を綴りましょう」
- 「今度は、誘導という言葉を書いてみましょう」

ねらい

磁気誘導は、地球の磁場によって生じることを教える。

感覚アクティビティ

指導者が「今ここに鉄の釘があるとします。鉄の釘が磁性体であることは、たぶん知っていますね。その釘を地球の磁極にあわせて、そのまま何日か置いておくと、弱い磁気が発生します」と言い、「地球」や「磁極」などの言葉を学習用紙に書きます。

質問する

- 「鉄の釘を地球の磁極にあわせて置き、何日間かそのままにしておくと、どうなりますか？赤くなりますか、それとも磁石になりますか？」と質問します。生徒が文字盤を使える場合、それを使って回答させます。
- 「磁気誘導は、地球が原因で起こることがありますか？　はい、それともいいえ？」と質問します。この場合も、生徒が文字盤を使える場合は回答を綴らせます。

スキル

- 「磁石」という言葉を26文字の文字盤、あるいは丸めた文字盤で綴らせます。どちらを使うかは、生徒の運動スキルによって決めます。
- 「磁石」という言葉を紙に書くのを手伝います。

ねらい

磁気誘導を防ぐ理由と、その方法について教える。

感覚アクティビティ

指導者が「あなたは科学者だとします。そして、とても重要なものを測るための高価な器具を持っているとします」と言って、「器具」と「測る」の言葉を書きます。

質問する

「この器具が壊れてもいいですか？　はい、それともいいえ？」

スキル

- 「器具、という言葉を綴りましょう」と言います。RPMの初期段階にいる生徒の場合は、丸めた文字盤を使って言葉を綴ります。
- 「今度は測る、という言葉を綴りましょう」
- 「今度は書きましょう」

感覚アクティビティ

「器具の中にはとても繊細で、一部が鉄でできているものがたくさんあります。そのまま置いておくと、地球の磁場のせいで磁石に変わってしまうことがあります」と説明します。指導者が話しながら学習用紙に書くことで、感覚アクティビティに聴覚的だけでなく、視覚的、また運動感覚的な要素が加わります。

質問する

「一部が鉄でできている器具に、何が起こる可能性がありますか？　水にぬれてしまいますか、それとも磁石に変わりますか？」「何のせいで磁石に変わるのですか？　地球の磁場ですか、それとも地球の温暖化ですか？」「磁石に変わってしまった器具は、正確に機能するでしょうか。はい、いいえ、それともわかりません？」

感覚アクティビティ

指導者は「地球の磁場のせいでおこる（「地球の磁場のせいでおこる」と学習用紙に書きます）磁気誘導から（「磁気誘導」という言葉を書きます）このような器具を守るために（「守る」という言葉を書きます）これらの器具は、磁気シールドの中にしまわれています（「磁気シールド」という言葉を学習用紙に書きます）」と説明しながら、キーワードを書き出します。

質問する

「器具を何から守りますか？　野生の動物から、それとも地球の磁場から？」と質問します。文字盤で答えられない生徒の場合は、選択肢を紙に書きます。

スキル

- 「シールド、という言葉を綴りましょう」。初期の段階にいる生徒の場合は、丸めた文字盤または大きいサイズのステンシルをつかって、指し示します。
- シールドという言葉を紙に書くのを手助けします。

感覚アクティビティ

指導者は次のように話しながら、下線の言葉を学習用紙に書きます。「この磁気シールドは、器具の金属の部分を磁気効果からさえぎり、器具が磁化するのを防ぎます」

質問する

- 「磁気シールドはどのように働きますか？　地球と争うことによってですか、それとも磁気効果をすべて吸収することによってですか？」
- 「磁気シールドをこのような器具に使うことは賢明ですか？　はい、いいえ？」
- 「磁気シールドを使わないと、これらの器具はどうなってしまいますか？　磁化しますか、それとも溶けてしまいますか？」

スキル

「磁化」という言葉をまず綴らせ、それから書かせます。

すべて教えたあとに、別の学習用紙を使って教えた内容についての質問をし、レッスンの目標が達成できたかどうか確かめる必要があります。

このレッスンは、前回のレッスンで磁石についてすでに学んだ生徒向けのものです。磁気について初めて教える場合には、教える内容や教え方はこのレッスン例とは異なります。

レッスンプラン 2

目的

自由詩が詩であることを理解させる。

目標

韻詩と自由詩の違いを学ぶ。

自由詩も詩であることを理解する。

ねらい 1

自由詩と、韻詩を教える。

感覚アクティビティ

指導者が次の詩を朗読します。

"She lived unknown, and few could know

When Lucy ceased to be;

But she is in the grave, and, oh,

The difference to me!"

朗読しながら、学習用紙に書いてもよいでしょう。

質問する

「何を朗読しましたか？　詩ですか、それとも作文ですか？」と質問し、生徒が答えを選びます。

スキル

「詩、という言葉を綴りましょう」「詩、という言葉を書きましょう」と言って、ステンシルを使って字をなぞらせる、点線で書いた字を上からなぞらせる、または見本を写し書きさせる、のどれかの方法で書かせます。

感覚アクティビティ

指導者が「そのとおり。詩です」と言います。

質問する

「なぜ詩だとわかりましたか？　言葉の数をかぞえたから、それとも韻を踏む言葉を聞いたからですか？」「どの言葉が韻を踏みましたか？　KNOWとBE？　それともBEとME？」

スキル

「韻、という言葉を綴りましょう」「韻、という言葉を書きましょう」

感覚アクティビティ

「これはルーシー・グレイという題の詩の一部です。ウイリアム・ワーズワースが書きました」

質問する

「誰がこの詩を書きましたか？　E.E.カミングスですか、ウイリアム・ワーズワースですか？」

スキル

「ワーズワースという苗字を綴ってみましょう」

感覚アクティビティ

「ワーズワースは19世紀の詩人で、抒情民謡を書きました。彼は物語を書くのが大好きだったのです」

質問する

「ワーズワースは何世紀の詩人ですか？　19世紀？　20世紀？」

「どのような詩を書きましたか？　自由詩ですか、それとも抒情民謡ですか？」

スキル

「民謡、という言葉を綴りましょう」「民謡、という言葉を書きましょう」

ねらい2

違った形式の詩を教える。

感覚アクティビティ

指導者が学習用紙に書きながら、次の詩を朗読します。

"Children picking up our bones

Will never know that these were once

As quick as foxes on the hill."

質問する

「この詩は、さきほどのワーズワースのルーシー・グレイに似ていますか？　はい？　それともいいえ？」

「BONES, ONCE, そしてHILLの言葉の終わりの部分は、韻を踏んでいますか？　はい？　それともいいえ？」

感覚アクティビティ

　指導者が「この詩は、自由詩です」と言って「自由詩」という言葉を書きます。

質問する

「この詩はどのようなスタイルですか？　自由詩ですか、それとも韻を踏む詩ですか？」

スキル

「自由詩、という言葉を綴りましょう」「自由詩、という言葉を書きましょう」

感覚アクティビティ

　指導者が「自由に書かれた文章は、そのリズムとそこに表された気持ちとが一致した時に、詩になるのです」と説明します。

質問する

「自由詩のリズムは、何と一致していますか？　気持ちですか、それとも言葉ですか？」

感覚アクティビティ

「これは、ウォレス・スティーブンスの詩の一部です」と言いながら「ウォレス・スティーブンス」と学習用紙に書きます。「この詩の題は、A Postcard from a Volcanoです」と言いながら、題を学習用紙に書きます。

質問する

「この詩は誰が書きましたか？　ウォレス・スティーブンスですか、それともあなたが書きましたか？」

「題は何ですか？　VOLCANO FROM A POSTCARDですか？　それともA POSTCARD FROM A VOLCANOですか？」

スキル

「『Volcano』と『Postcard』の言葉を綴りましょう」「この二つの言葉を書いてみましょう」

　内容を教えたあとで、生徒に詩を書かせてもよいでしょう。韻詩でも自由詩でも構いません。生徒が書けずにいる場合は「きらきら星の歌詞の、二行目、三行目、四行目を変えてみましょう」と言って手助けをします。また生徒が文字盤を使えない場合でも「『僕の家には猫がいる』が良いですか？　それとも『野原が遠くまで続いている』が良いですか？」といったような選択肢を与えることができます。このように手助けをすることで、のちに生徒が自分なりに考えて書けるようになるのです。

レッスンプランの教材を探す

指導者がRPMの原則を習得してしまえば、どの教科に関するレッスンでも計画することができます。そのために大切なのは準備です。私が教えている様子を見て、私を物知りだと思う人もいるようですが、それは違います。私は教える時に、何気ない会話のような形で学科を教えられるように、周到な準備のもとでレッスンプランを立てているのです。指導者にとって得意な科目もあるでしょう。しかし、あらゆる科目を教えられるように資料をそろえることが必要です。

次にいくつかの資料例をあげます。

1. Core Knowledge Curriculum series（What your Xth　Grader Needs to Know）

   学年ごとにさまざまな科目を網羅しているので、多くの親や、指導者たちが好んで使っている本のシリーズです。

2. 教科書

   一般教育の教科書は、優れた資料です。インターネットでさまざまな教科書を見ることもできます。また、生徒が通う学校で手に入れることができるかもしれません。

3. オンライン・カリキュラム

   ホームスクールをする家庭向けに作られたオンライン・カリキュラムを使う親や、指導者もいます。よく調べて、内容をRPM向けに活用できるかどうか確認しましょう。

4. その他のインターネット上の資料

   インターネットの検索エンジンを使えば、どのような話題に関する情報も手に入れることができます。しかし教科の概要を系統だてて知るには、やはり教科書などの編集された物を使うのが良いでしょう。

5. 新聞・雑誌

   生徒にとって、身近な世界を超えた外の世界について知ることは大切です。毎日のニュースを、身の回りの資料を使って教えましょう。

6. 詩・文学

   生徒の年齢にふさわしい詩集を何冊か手に入れましょう。初心者の生徒には、イソップ物語が向いています。これはどの年齢の生徒にも使えますし、一つひとつの物語が簡潔で、テーマがはっきりとしています。年齢相応で質の良い文学を読むようにするのは、大切なことです。本の長さに応じて一章または何章かに区切って、または本全体についてRPMのレッスンを行うこともできます。選択肢を与えたり質問をしたりしながら、本のジャンル、あるいは本そのものを生徒に選ばせるようにしましょう。

レッスンに使える資料は身の回りにいくらでもあります。大切なのは、レッスンを興味深いものにすることです。指導者自身が興味を持って準備をしましょう。生徒の年齢にふさわしい内容を選び、適切な教え方をしましょう。年齢が高く、過去に学科教育を受ける機会がなかった生徒の場合、実際よりも低学年の教科から始める必要があるかもしれません。低いレベルから教える場合でも、生徒を赤ちゃん扱いしないように、また生徒が興味を持っている教科を尊重するようにしましょう。しかしその一方で、一般教育で教えるべき他の教科をおざなりにしてはなりません。RPMで教えれば、一般教育から見捨てられた生徒たちも、学ぶ事ができるのです。

第20章

RPM のグループレッスン

教育は個別指導、あるいはグループ指導で行うことができます。目的が以下のような場合は、グループレッスンで指導します。

1. 他の人の存在に慣れるようにする。
2. 生徒同士が共に学べるようにする。

　　これにはその場の、気が散る要素を取り除くことが必要になります。

3. 授業が終わるまで座っていられるようにする。
4. 質問に答えるための順番を待てるようにする。
5. 社交スキルを身につけ、他の生徒や指導者とコミュニケーションが取れるようにする。

グループレッスンをする場合には、指導者が動き回り、生徒たちの前や他のどこか一ヶ所に立ったり座ったりすることがないようにします。代わりに生徒たちの背後で動き回り、質問に答える番がきた生徒の前に文字盤を差し出します。学習用紙やその他の教材は、手で持ち歩きます。

レッスンの際には学習用紙に、キーワードを書く、図を描く、またそれぞれの生徒が言ったことを書きます。この時学習用紙を動かしながら、全員が見ることができるようにします。

動き回る指導者が、どのように字を書いたり図を描いたりするのか不思議に思う人がいるかもしれません。例えば、人間の耳の図を描くとします。まず、テーブルのある場所の真ん中で、生徒たちの背後に立ちます。そして順番に生徒一人ひとりの手を上から持って、耳の絵を描き足していきます。描きながら、それぞれの部分の名称を声に出して言います。このように運動感覚的な刺激を生徒に与えることで、生徒たちが手元を見るように促します。図を描くかわりに、本などにある図を見せながら教える場合には、それぞれの生徒の手をとって図のさまざまな部分に触れさせるようにします。触覚的な刺激を通じて、視線が図にいくようにします。

「人間の耳」についてのグループレッスン例

指導者が「アレックス、今一緒に描いているのは耳の外側です。外耳、と呼びます」と説明します。

「マディソン、アレックスと私が一緒に描いたのは、耳のどの部分ですか？　外耳ですか、それとも中耳ですか？」と問いかけます。マディソンが、文字盤を使って答えます。

「それではマディソン、この続きを見てみましょう。外耳のこの部分は耳たぶです。これが外耳道で、その先には鼓膜があります」と、説明を続けます。マディソンが絵を見下ろせない場合は、手を上から持って一緒に絵を描きます。こうすることで、マディソンの触覚と運動感覚が刺激されます。

次に「ミッチ、マディソンと私は今何を描きましたか？　蝸牛ですか、それとも鼓膜ですか？」と質問します。ミッチが文字盤で答えます。「さあミッチ、指でなぞってごらんなさい。これが外耳で、ここから音が鼓膜に届きます。」と言って、アレックスとマディソンが一緒に描いた絵を、ミッチの手を持ってなぞらせます。「ミッチ、音は外耳からどこへ届きますか？」と聞いて、文字盤を使ってミッチに答えさせます。

今度は「音が耳の中を通る時、鼓膜が振動します」と言いながら、ウッディのほうに歩きます。そして「振動」という言葉を学習用紙に書きます。そして「ウッディ、音が耳の中を通る時、何が起こりますか？　振動ですか、それとも換気ですか？」と尋ねます。ウッディがキーボードにタイプして答えます。

指導者は「さあ、今度は内耳について学びましょう」と続けます。

このようにして、レッスン計画に従って授業を進めます。

ソーシャル・グループ

社交的なやりとりを目的としたソーシャル・グループの場合は、レッスンの進め方が違ってきます。ここでは、指導者は中心的な存在ではなく、生徒同士のやりとりを見守る役割を果たします。ソーシャル・グループで指導者が気をつけなければいけないのは、次のようなことです。

- 生徒一人ひとりに発言をする機会を公平に与える。
- 何について話し合うか、全員が提案できるようにする。
- 全員がレッスンの流れを尊重し、他の生徒に順番が回るようにする。

生徒が精神的に圧倒されて他の生徒の妨げとなる行動に出た時には、短い休憩時間を与えましょう。

グループレッスンを成功させるためのルール

1. グループレッスンに参加する生徒は最低でも6ヶ月間、個人レッスンを受けている必要があります。ポインティングが上手に、また適切なスピードでできるようになるためには、これくらいの期間が必要です。答えるのに時間がかかりすぎる生徒がいると、他の生徒が我慢できなくなるかもしれません。そうなると、生徒全員がうまく参加できるようなスピードとタイミングが保てなくなります。

2. 生徒同士が向かいあうと視覚的に刺激されてしまうので、向かい合って座らせないほうが良いでしょう。他の生徒を見て気が散り、興奮性の刺激行動を始めてしまうと、感情が高ぶってコントロールがきかなくなる場合もあります。視覚的な刺激は、学習やコミュニケーションから生徒の気をそらせてしまうこともあるのです。
3. レッスンを進める際には、時間配分に十分気を配るようにします。感覚アクティビティを行う時に、生徒全員が公平に参加できるように気をつけます。
4. 例えば「環境を美しく保つための方法」などのテーマで話し合いをする時は、それぞれの生徒が文字盤などを指して文章を綴るようにします。話がテーマからそれてしまわないように気をつけましょう。また生徒が事実に関する間違いやその他の間違いをした時も、「こんな風に言ってはどう？」と誘導して、恥をかかせないように正すことが大切です。
5. グループレッスンの環境には、視覚的な刺激がないように気をつけます。また、生徒の中の一人か二人は授業のあいだに声を出したり、他の自己刺激行動をしたりするかもしれません。指導者は、それらの自己刺激が鎮静的なものかどうかを見極め、それが、興奮性の刺激に変わらないように気をつけなければなりません。興奮性の自己刺激行動は、レッスンの妨げになります。
6. グループレッスンは、RPM の個人レッスンで何人もの生徒を教えた経験のある指導者だけが教えるべきです。レッスン計画に従い、目標を達成させることに加え、生徒全員が集中して学習できるように、さまざまな状況にうまく対処しなければならないからです。

第21章

終わりに

メンタルマップは、人が自分の世界をどのように認識しているかの表れです。メンタルマップが不完全だと、その人の感覚系統の働きかたも変わり、周りの環境とうまく関わることができません。このような場合こそ、学ぶことが不可欠なのです。その人の不完全な知覚と、本来の適切な物事のとらえかたとのギャップを埋めることができるのが、教育なのです。

自閉症を持つ人が感覚を通じてなにかを経験している時に、そこにある状況や物について理解することは大切なことです。たとえ発語など運動性の行動で、理解していることを表現することができなくても、です。メンタルマップを意識することで、自閉症の人も環境の中で自分がどこにいるのかを、より良く知ることができます。例えば、その場にあるもので一番大切なものは、ドアの蝶番などの物体ではないと気づくことです。

自閉症を持つ人が、ある状況で何が起こりうるのか、それはなぜかということを知ることができれば、次に起こることを予測して、状況にふさわしい行動をとることも可能なのです。

何のコミュニケーションもとらずにそっぽを向いてしまうよりも、「こんにちは。視線は外していても、話は聞いていますよ」と伝えられるほうが良いに決まっています。おばあさんからプレゼントをもらった時には、運動スキルが足りないために文字盤を指すことができない生徒でも、「ありがとう」という言葉を選んで感謝の気持ちを表すことができるかもしれません。好きではないデザインのシャツをもらうよりも、「誕生日には、白かストライプのシャツが欲しいです」と、文字盤などを指して言うことができたほうがよいでしょう。

人間の身体や自然現象をつかさどる決まりごとを学んで初めて、人は周りにあるものに対して正しい予測をするようになります。息子のティトが「考える木」という本の中で、前の日に見たのとそっくり同じ雲の形が、次の日に再び空に現れるのを待っていた時のことを書いています。同じ雲の形を見ることはできず、予測のつかない空が怖くなり、混乱し、ティトは収拾のつかないかんしゃくを起こしました。人と関わる場面で、自閉症を持つ人は違った考えかたをすることもあるでしょう。しかし社会にあるルール、自然界にあるルール、また物理的なルールについて学んだ時、その人の世界はそれほどわかりにくいものではなくなります。

歯医者に行くことを怖がる人には、なぜそうしなければいけないのか説明をするべきです。医者に連れて行った無発語のお子さんが、どこが痛いのか伝えることができてどんなに嬉しかったか、私に教えてくれた親御さんが大勢います。

自閉症を持つ人には、不完全な感覚系統というハンディがあります。それでも、彼らには耕すべき頭脳があるのです。教え子たちがファッションデザイナーや音楽評論家や株式のブローカーになりたいと言う時、私はその子たちの夢をかなえるのを手伝ってあげなければ、と思います。これは、私ひとりでできる仕事ではありません。時間は限られています。知性を無駄にしてはいけないのです。

注釈

1 Tito Rajarshi Mukhopadhyay, *The Mind Tree* (New York : Arcade Publishing, Inc., 2003).

2 S. W. Hawking, "Black Hole Explosions?" *Nature* 248, 1974: 30-31.

3 M.A. Just et al, "Functional and anatomical cortical underconnectivity in autism: evidence from and MRI study of an executive function task and corpus callosum morphometry," *Cerebral Cortex*, 13 June 2006: 951-961.

4 Uta Frith, *Autism: Explaining the Enigma* (Oxford: Blackwell, 1989).

5 W.P. Fifer and A. J. DeCasper, "Newborn preference for the maternal voice: An indication of early attachement," Southeastern Conference on Human Development, Alexandria, April 1980.

6 Tito Rajarshi Mukhopadhyay, *How Can I Talk if My Lips Don't Move?* (New York: Arcade Publihshing, Inc., 2008).

7 Jean Piaget, Barbel Inhelder and Helen Weaver, *The Psychology of the Child, translated by Helen Weaver,* (Basic Books, 1972).

8 Barbara M. Newman and Philip R. Newman, *Development through Life: A Psychosocial Approach, 9th Ed.* (Wadsworth Publishing, 2005).

9 University of California, San Diego, "Autism Linked To Mirror Neuron Dysfunction," *Science Daily 18* April 2005.

10 David Moshman, *Adolescent Psychological Development: Rationally, Morality, and Identity, 2nd Ed.* (Mahwah, NJ: Lawrence Erlbaum, 2004).

11 Richard M. Lerner, *Concepts and Theories of Human Development, 3rd Ed.* (Mahwah, NJ: Lawrence Erlbaum Associates, 2002).

12 Newman and Newman.

13 C.W. Kalish and S.A. Gelman, "On wooden pillows: Multiple classifications and children's category-based induction," *Child Development* 63, 1992: 1536-1557.

14 L. S. Vygotsky, Mind in society: *The development of higher psychological process* (Cambridge, MA: Harvard University Press, 1978).

15 R.J. Havighurst, *Developmental tasks and education* (New York: David McKay Company, 1972).

16 W. Mischel and Y. Shoda, "A cognitive-affective system theory of personality: Reconceptualizing situations, dispositions, dynamics, and the invariance in personality structure," *Psychological*

Review 102, 1995:246-268.

17 Rita Carter and Christopher Frith, *Mapping the Mind* (University of California Press, 2000).

参考文献

Adolphs, R., Tranel, D., et al. "Impaired recognition of emotion in facial expressions following bilateral damage to the human amygdala." *Nature* 372(1994):669-72.

Baddeley, A. D., Wilson, B. A. and Watts, F. N. *Handbook of Memory Disorders*. Chichester:John Wiley & Sons, 1996.

Bard, P. "On Emotional Expression after Decortication with Some Remarks on Certain Theoretical Views, Parts Ⅰ and Ⅱ." *Psychol. Rev.* 41(1934):309-329, 424-449.

Bauer, Susan Wise. *The Well Educated Mind.* W. W. Norton & Company, 2003.

Bear, M. F., Connors,B.W. and Paradiso, M. A. *Neuroscience: Exploring the Brain* (Second Edition). New York: Williams and Wilkins, 2001.

Beechick, Ruth. *A Strong Start in Language, Grades K-3*. Arrow Press, 1993.

Blakemore, Colin. *The Mind Machine*. BBC Books: 1988.

Bloom, Benjamin S. *Taxonomy of Educational Objectives, Handbook 1: Cognitive Domain.* New York: David McKay Co. Inc., 1956.

Bragdon, A. D. *Building Left-Brain Power.* New York: Barnes & Noble, 1999.

Calvin, William H. How Brains Think: *Evolving Intelligence, Then and Now.* London: Weidenfeld & Nicolson, 1997.

Calvin, William H., and Ojemann, George A. *Conversations with Neil's Brain: The Neural Nature of Thought and Language. Reading*, MA: Addison-Wesley Publishing Company, 1994.

Carin, Arthur. *Discovery Teaching in Science.* Charies E. Merrill Books, 1966.

Carlisle, Joanne. *Reasoning and Reading* (Levels 1 and 2 for Grades 5-8). Cambridge, MA: Educators Publishing Service, 1982 and 1983.

Carter, R. *Exploring Consciousness*. University of California Press, 2002.

Carter, R. and Frith, C. *Mapping the Mind. Berkeley,* CA: University of California Press, 2000.

Chall, J. *Stages of Reading Development.* New York: McGraw-Hill, 1983.

Damásio, A. *Descartes' Error: Emotion, Reason, and the Human Brain.* New York: G. P. Putnam's Sons, 1994.

Davis, M. "The role of the amygdala in fear and anxiety." Annu. Rev. Neurosci. 5.(1992):353-375.

DeVries, R., Hildebrandt, C. and Zan, B. "Constructivist Early Education for Moral Development."

Early Education and Development 11(1). (2000): 9-35.

Donaldson, Margaret. *Human Minds: An Exploration.* New York and London: Allen Lane/Penguin Press, 1992.

Dudai, Y. *The Neurobiology of Memory, Concepts, Findings, Trends.* Oxford: Oxford University Press, 1989.

Eckerman, C.O. and Didow, S.M. "Nonverbal Imitation and Toddlers' Mastery of Verbal Means of Achieving Coordinated Action." *Developmental Psychology* 32. (1996): 141-152.

Eisenberg, N. and Strayer, J. (1987). "Critical Issues in the Study of Empathy." In N. Eisenberg and J. Strayer (Eds.), *Empathy and its Development,* (pp. 3-16). Cambridge, UK: Cambridge University Press.

Fifer, W.P. and DeCasper, A.J. "Newborn preference for the maternal voice: An indication of early attachment." Alexandria: Southeastern Conference on Human Development, 1980.

Finger, S. *Origins of Neuroscience: A History of Explorations into Brain Function.* New York: Oxford University Press, 1994.

Frith, Uta. *Autism: Explaning the Enigma.* Oxford: Blackwell, 1989.

Furst, Charles. *Origins of the Mind.* Englewood Cliffs, NJ: Prentice-Hall, Inc., 1979.

Gnadt, J.W. and Andersen, R.A. "Memory Related Motor Planning Activity in Posterior Parietal Cortex of Macaque." *Exp. Brain Res.* 70.(1988): 216-220.

Goodman, C.S. and Shatz, C.J. "Developmental Mechanisms that Generate Precise Patterns of Neuronal Connectivity." *Cell* 72. (1993):77-98.

Havighurst, R.J. *Developmental Tasks and Education.* New York: David McKay Company, 1972.

Hawking, S.W. "Black Hole Explosions?" *Nature* 248 (1974): 30-31.

Hellige, J.B. *Hemispheric Asymmetry: What's Right and What's Left.* Cambridge, MA: Harvard University Press, 1993.

Hirsch, E.D. *The Core Knowledge Series and Books to Build On.* Delta, Doubleday Dell, 1994.

Hopkins, B. and Westra, T. "Motor Development, Maternal Expectations, and the Role of Handling." *Infant Behavior and Development* 13(1). (1990): 117-122.

Iaccino, James F. *Left Brain-Right Brain Differences: Inquiries, Evidence, and New Approaches.* New Jersry: Lawrence Erlbaum Associates, Inc., 1993.

Jameson, Kay Redfield. Touched with Fire: Manic-Depressive Illness and the Artistic Temperament. Free Press, 1996.

Just, M.A., Cherkassky, V., et al. "Functional and anatomical cortical underconnectivity in autism: evidence from an fMRI study of an executive function task and corpus callosum morphometry." *Cerebral Cortex* 17(4). (2007): 951-961.

Kalish, C.W. and Gelman, S.A. "On wooden pillows: Multiple classifications and children's category-based induction." *Child Development 63*. (1992): 1536-1557.

Kandel, E.R., Schwartz, J.H. and Jessell, T.M. *Principles of Neural Science* (Fourth Edition). New York: McGraw-Hill, 2000.

Kilpatrick, William, Kilpatrick, Gregory, et al. Books That Build Character: *A Guide to Teaching Your Child Moral Values through Stories.* New York: Touchstone, 1994.

Krathwohl, David R., Bloom, Benjamin S. and .Masia, Bertram B. *Taxonomy of Educational Objectives: Handbook* Ⅱ *: Affective Domain.* New York: David McKay Co., 1964.

LeDoux, Joseph E. "Emotion, Memory and the Brain." *Scientific American June*: (1994).

LeDoux, Joseph E. *The Emotional Brain*. New York: Simon and Schuster, 1996.

Lerner, Richard M. *Concepts and Theories of Human Development* (Third Edition). Mahwah, NJ: Lawrence Erlbaum Associates, 2002.

Levine, M.D. *A Mind at a Time,* New York: Simon and Schuster, 2002.

LeWinn, E.B. *Human Neurological Organization.* Thomas Books, 1977.

Lieberman, A.F., Weston, D. and Pawl, J. "Preventive Intervention and Outcome with Anxiously Attached Dyads." *Child Dev.* 62. (1991): 199-209

Linksman, Ricki. *How to Learn Anything Quickly.* Barnes & Noble, 1996.

Lisman, J.E. and Fallon, J.R. "What Maintains Memories?" *Science* 283(5400). (1999): 339-340.

Lynam, D.R. and Henry, B. (2001). "The Role of Neuropsychological Deficits in Conduct Disorders." In J. Hill and B. Maughan (Eds.), *Conduct Disorders in Childhood and Adolescence* (PP. 235-263). Cambridge, England: Cambridge University Press.

MacLean, P.D. "The Limbic System ('Visceral Brain') and Emotional Behavior." *AMA Arch Neurol Psychiatry,* 73(2). (1955): 130-4.

Mangal, S. *Educational Psychology.* India: Prakash Brothers, 1990.

Markova, Dawna and Powell, Anne. *How Your Child is Smart. Berkeley,* CA: Conari Press, 1992.

McSwain, E. and Cooke, R. *Understanding and Teaching Arithmetic in the Elementary School.* Holt, NY, 1958.

Mischel, W. and Shoda, Y. "A cognitive-affective system theory of personality: Reconceptualizing situations, dispositions, dynamics, and the invariance in personality structure." *Psychological Review* 102. (1995): 246-268.

Moshman, David. "From Inference to Reasoning: The Construction of Rationality." *Educational Psychology Papers and Publications,* University of Nebraska-Lincoln. (2004).

Moshman, David. *Adolescent Psychological Development: Rationality, Morality, and Identity.* Mahwah, NJ: Lawrence Erlbaum, 2004.

Mukhopadhyay, Tito Rajarshi. *How Can I Talk if My Lips Don't Move?* New York: Arcade Publishing, Inc., 2008.

Mukhopadhyay, Tito Rajarshi. *The Mind Tree.* New York: Arcade Publishing, Inc., 2003

Newman, Barbara M. and Newman, Philip R. *Development through Life: A Psychosocial Approach* (9th Edition). Wadsworth Publishing, 2005.

Ornstein, R. *The Right Mind.* Orlando, FL: Harcourt Brace, 1997.

Patel, R. *Educational Evaluation.* Himalaya Publishing House, 1989.

Piaget, Jean. "Intellectual Evolution from Adolescence to Adulthood." *Human Development* 15(1). (1972): 1-12.

Piaget, Jean. "The Child's Conception of Physical Causality." Translated by Marjorie Gabain. Paterson, N.J.: Littlefield. 1960.

Piaget, Jean. "The Equilibration of Cognitive Structures: The Central Problem of Intellectual Development." Chicago: University of Chicago Press, 1985.

Piaget, Jean. "The Moral Judgment of the Child." London: Kegan Paul,Trench, Trubner and Co., 1932

Postman, N. *The End of Education: Redefining the Value of School.* New York: Alfred A Knopf, 1995.

Ratey, John J. *A User's Guide to the Brain: Perception, Attention, and the Four Theatres of the Brain.* Vintage Books, 2001.

Sacks, Oliver. "Seeing Voices. A Journey into the World of the Deaf." Berkeley and Los Angeles: University of California Press, 1989.

Segalowitz, S. *Two Sides of the Brain.* Englewood Cliffs, NJ: Prentice Hall, 1983.

Sharma, R.C. *Modern Science Teaching.* Delhi: Dhanpat Rai & Sons, 1988.

Sidhu, Kulbir Singh. *The Teaching of Mathematics.* India: Sterling Publishers, 1988.

Springer, S and Deutsch, G. Left Brain, Right Brain: *Perspectives from Cognitive Neuroscience.* New

York: W.H. Freeman and Company, 1998.

Squire, L.R. *Memory and Brain.* New York: Oxford University Press, 1987.

Thorndike, Edward L., *Animal Intelligence.* New York: Macmillan, 1911.

Toates, F. *Obsessional Thoughts and Behavior.* Place, Thorsons, 1990.

Trelease Jim. *The Read-Aloud Handbook.* New York: Penguin Books, 2001.

University Of California, San Diego. "Autism Linked To Mirror Neuron Dysfunction." *Science Daily* 18 April 2005. 28 August 2008 <http://www.sciencedaily.com/releases/2005/04/050411204511.htm>

Vygotsky, L.S. *Mind in Society: The Development of Higher Psychological Processes.* Cambridge, MA: Harvard University Press, 1978.

Wanchoo, V. Mathematics, Science Education in Indian Schools. Delhi: All India Science Teachers Association, 1965.

Williams, Linda Verlee. Teaching for the Two-Sided Mind. New York: Simon and Schuster, 1983.

Wilson, Douglas. Recovering the Lost Tools of Learning. Wheaton, IL: Crossway Books, 1991.

Wise, Jessie. and Bauer, Susan Wise. The Well Trained Mind. W.W.Norton, 1999.

索引

あ

い

う

え

お

か

す

せ

そ

た

ち

り

れ

著者・訳者プロフィール

著者：ソマ・ムコパディエイ（Soma Mukhopadhyay）

米国テキサス州オースティン市にある自閉症を持つ人のための教育機関HALO（Helping Autism through Learning & Outreach）の教育事業部責任者として、今も第一線で独自のRPM法を駆使しつつ、世界中から訪れる生徒たちの指導にあたっている。ソマは教育学で学士号、化学で修士号を取得後、自閉症の息子ティトを教育するためにラピッド・プロンプティング法（RPM）を考案。その画期的教育法はCNNインターナショナル、60ミニッツll、PBS、グッドモーニングアメリカ、サイエンティフィックアメリカン、ニューヨークタイムズ、ナショナルジオグラフィックなど多数のメディアに取り上げられ注目を集めた。

本書のほかに『Developing Communication For Autism Using Rapid Prompting Method.（RPMでコミュニケーションを発達させる）』
『Curriculum Guide for Autism Using Rapid Prompting Method.（RPMのカリキュラムガイド）』
『Developing Motor skills for Autism Using Rapid Prompting Method.（RPMで運動機能を発達させる）』
『Harnessing Stims & Behaviors in Autism Using Rapid Prompting Method.（RPMで自己刺激行動と問題行動に対処する）』
『Developing Expressive Language In Verbal Student With Autism Using Rapid Prompting Method.（発語のある生徒の力をさらに伸ばすRPM—表出言語を発達させる）』がある。

・HALOホームページ：www.halo-soma.org

訳者：鈴木麻子

神奈川県生まれ。米国在住。カンザス大学にて音楽療法修士号を取得後、アメリカで音楽療法士の仕事に携わる。自閉症の娘が10歳の時に、ソマの教則本を参考にしながらラピッド・プロンプティング法で教え始めたところ、言葉をほとんど話せなかった娘が文字盤を使って、適切な言葉を使えるようになった。

RPMについて学ぶ親たちのサポートグループを地域で立ち上げた他、2015年にはHALOにてRPM指導者としての訓練も受け、現在は生徒の指導もしている。

訳者：片瀬ケイ

東京生まれ。神奈川大学スペイン語学科卒。東京都の行政専門誌記者を経て、1995年に渡米。カンザス大学にてジャーナリズム修士号取得。カンザス大学在学時に自閉症児の支援ボランティアを体験する。

現在はテキサス州ダラス市在住で、ライター、医療翻訳者として日本の各種メディアに記事や翻訳を提供している。

ＲＰＭで自閉症を理解する

2017年 3月 1日 初版第1刷 発行
2019年 11月 27日 初版第3刷 発行

著　者　ソマ・ムコパディエイ
訳　者　鈴木麻子　片瀬ケイ
発行者　鈴木峰貴
発行所　株式会社エスコアール　千葉県木更津市畑沢 2-36-3
電話　0438-30-3090　FAX　0438-30-3091
URL　https://escor.co.jp
印刷所　株式会社明正社

 ISBN978-4-900851-86-3